ABITUR *Skript*

Geschichte

Gymnasium
Bayern

STARK

Erstellt von Matthias Ehm

Inhalt

Leben in der Ständegesellschaft des 15. bis 18. Jahrhunderts

1	Die Epoche der „Frühe Neuzeit" (1500–1800)	1
2	Aufbau und Merkmale der Ständegesellschaft	3
3	Die Rolle von Adel und Klerus	4
4	Stadtbürgertum, Bauern und Unterschichten	5
4.1	Stadtbürgertum	5
4.2	Bauern	5
4.3	Unterbäuerliche Schichten	6
5	Die politische und gesellschaftliche Ordnung auf dem Land	6
5.1	Die Grund- und Gutsherrschaft	6
5.2	Politische Organisation des Dorfs	7
6	Die politische und soziale Ordnung in der Stadt	8
6.1	Die bürgerliche Stadt	8
6.2	Die Juden als Randgruppe der Gesellschaft	9
7	Vorindustrielle Arbeitswelten	10
7.1	Agrarische Subsistenzwirtschaft	10
7.2	Zünfte als Organisationsform des Handwerks	11
7.3	Das Verlagssystem	11
7.4	Die Manufaktur	12
8	Fürsorge und soziale Sicherung in der Ständegesellschaft	13
8.1	Haus und Familie	13
8.2	Obrigkeitliche Sozialfürsorge	14

Leben in der entstehenden Industriegesellschaft des 19. Jahrhunderts

1	Grundlinien und Einflussfaktoren der Bevölkerungsentwicklung	15
2	Liberalisierung durch staatliche Reformen	16
2.1	Rückständigkeit Deutschlands zu Beginn des 19. Jahrhunderts	16

2.2 Ausgangslage 17

2.3 Die Reformen in Preußen 17

2.4 Die Reformen in Bayern 18

3 Kennzeichen der Industrialisierung **19**

3.1 Ablauf der Industrialisierung in Deutschland 19

3.2 Lebens- und Arbeitsbedingungen im Industriezeitalter 20

3.3 Praktische Ansätze zur Lösung der Sozialen Frage 22

3.4 Familiäre Lebenswelten und Geschlechterrollen
    in der Industriegesellschaft 25

Die Weimarer Republik – Demokratie ohne Demokraten?

1 Die Revolution von 1918/19 .... **28**

1.1 Ursachen und Verlauf der Revolution 28

1.2 Die gespaltene Arbeiterbewegung 29

2 Die Weimarer Verfassung von 1919 .... **30**

3 Der Vertrag von Versailles 1919 .... **32**

3.1 Die Bestimmungen des Versailler Vertrags 32

3.2 Die Reaktion der deutschen Öffentlichkeit 32

**4 Zersplitterung von Gesellschaft
   und Parteienlandschaft** **33**

4.1 Das Parteienspektrum der Weimarer Republik 34

4.2 Die alten Eliten als Gegner der Republik 34

**5 Demokratie in der Krise:
   Die Weltwirtschaftskrise und ihre Folgen** **35**

5.1 Zusammenbruch der Weltwirtschaft nach 1929 35

5.2 Innenpolitische Folgen der Weltwirtschaftskrise
    für Deutschland 36

6 Gründe für das Scheitern der Republik **39**

Hitlers „willige Volksgenossen"? – Die Deutschen und der Holocaust

1 Die Situation der deutschen Juden vor 1933 .... **40**

**2 Die Beseitigung der Demokratie durch Hitler
   und der Aufbau der NS-Diktatur** **41**

2.1 Die Zerschlagung des Rechtsstaats nach dem
    Reichstagsbrand vom 27. Februar 1933 41

2.2   Das Ermächtigungsgesetz vom 23. März 1933
als Grundlage der NS-Diktatur 42

2.3   Die „Gleichschaltung" 42

3   Das Konzept der „Volksgemeinschaft" 43

3.1   Der Nationalsozialismus als politische Religion 43

3.2   Das Führerprinzip 44

4   Inszenierte Lebenswirklichkeiten im NS-Staat 44

4.1   Führermythos und „Führerkult" 44

4.2   Nationalsozialistische Durchdringung der Gesellschaft 45

5   Traditioneller Antisemitismus und NS-Antisemitismus ... 46

5.1   Die Entwicklung des Antisemitismus 46

5.2   Die Grundlagen des NS-Antisemitismus 46

6   Die NS-Politik gegen die deutschen Juden 47

6.1   Boykott und Diskriminierung 47

6.2   Entrechtung der Juden 47

6.3   Der Novemberpogrom (9. November 1938) 48

6.4   Emigration und Exil deutscher Juden 48

7   Der Holocaust 49

7.1   Grundlagen: Holocaust, Shoa, Völkermord 49

7.2   Erste Massenmorde und Gettoisierung,
Pläne zur „territorialen Endlösung" 50

7.3   Die „Endlösung der Judenfrage" 50

7.4   Erklärungsansätze für den Holocaust 52

**8   Judenverfolgung und Holocaust
in der deutschen Öffentlichkeit 52**

**Die frühe Bundesrepublik –
Erfolg der Demokratie durch „Wohlstand für alle"?**

1   Das Kriegsende in Deutschland 54

1.1   Politischer und militärischer Zusammenbruch 1945 54

1.2   Moralischer Zusammenbruch 55

2   Erfahrung der Deutschen mit dem „Dritten Reich" 55

2.1   Entnazifizierung und Umerziehung 55

2.2   Das Grundgesetz für die Bundesrepublik Deutschland 56

2.3   Vergangenheitspolitik in den 1950er-Jahren 57

2.4   Wiedergutmachungspolitik 59

3	**Ost-West-Konflikt und Westintegration**	**59**
3.1	Blockbildung als Folge des Ost-West-Konflikts	59
3.2	Westintegration der Bundesrepublik Deutschland	60
4	**Soziale Marktwirtschaft und Wirtschaftswunder**	**61**
4.1	Das Wirtschaftswunder	61
4.2	Die soziale Marktwirtschaft als politischer Rahmen	63
5	**Gesellschaftliche Entwicklungen in der frühen Bundesrepublik**	**64**
5.1	Die Integration der Vertriebenen	64
5.2	Verwestlichung und Amerikanisierung	65
7	**Antikommunismus als Integrationsideologie**	**66**

Die DDR – eine deutsche Alternative?

1	**Anspruch und Wirklichkeit im „Arbeiter- und Bauernstaat"**	**67**
1.1	Der Neubeginn des politischen Lebens in der Sowjetischen Besatzungszone (SBZ)	67
1.2	Der Umgang mit der NS-Vergangenheit	69
1.3	Machtsicherung durch Repression	70
2	**Die DDR und der Westen**	**71**
2.1	Deutschlandpolitische Standpunkte bis 1969	71
2.2	Die neue Ostpolitik der Regierung Brandt	72
3	**Die Wirtschafts- und Sozialpolitik der DDR**	**73**
3.1	„Einheit von Wirtschafts- und Sozialpolitik"	73
3.2	Wirtschaftspolitische Probleme	74
4	**Grundgesetz oder „dritter Weg"**	**75**
4.1	Die Friedliche Revolution	75
4.2	Die Wiedervereinigung	76
5	**Problematik der Geschichtserinnerung an die DDR**	**78**

Wurzeln europäischer Denkhaltungen und Grundlagen moderner politischer Ordnungsformen

1	**Antike Grundlagen europäischen Denkens**	**79**
1.1	Vom Mythos zum Logos	79
1.2	Mensch, Staat, Recht und Moral	79
1.3	Die Tradition des römischen Rechts	80
1.4	Die Bewahrung antiken Wissens	82

2	**Trennung von weltlicher und geistlicher Gewalt**	**82**
2.1	Der Monarch als Priesterkönig	82
2.2	Die kirchliche Reformbewegung	83
2.3	Der Investiturstreit (11./ 12. Jahrhundert)	83
3	**Wurzeln des modernen Föderalismus im Alten Reich**	**85**
3.1	Die Bezeichung „Altes Reich"	85
3.2	Der Charakter des Alten Reichs	85
3.3	Verfassungsgeschichtliche Zäsuren	86
3.4	Der Reichstag als zentrale Institution	86
4	**Wandel des Denkens durch die Aufklärung**	**87**
4.1	Menschenbild der Aufklärung	87
4.2	Die Menschenrechte	88
4.3	Theoretische Modelle der Staatsorganisation	88
4.4	Wichtige Theoretiker der Aufklärung	89

Volk" und „Nation" als Identifikationsmuster

1	**Begrifflichkeiten**	**90**
2	**„Volk" als Konstrukt eines Geschichtsbilds**	**91**
2.1	Nationale Vergangenheitskonstruktion durch historische Ursprungsmythen	91
2.2	Arminius / Hermann – die Entstehung des Mythos	91
2.3	Arminius / Hermann – die historischen Fakten	92
3	**Moderne Nationsvorstellungen und Nationalstaatsbildung**	**93**
3.1	Staatsbürger oder Volk? Unterschiedliche Konzepte von „Nation"	93
3.2	Nationalismus als antiständische Integrationsideologie in Frankreich	93
3.3	Probleme der Nationalstaatsbildung in Deutschland	94
4	**Deutsch-französisches Verhältnis im 19./20. Jh.**	**96**
4.1	Die Funktion von nationalen Selbst- und Fremdbildern	96
4.2	Vorgeschichte: Eckdaten des deutsch-französischen Verhältnisses in Mittelalter und Früher Neuzeit	97
4.3	Eskalation der deutsch-französischen Rivalität im Zuge der Verschärfung des Nationalismus	97
4.4	Die „Erbfeindschaft" (1871–1945)	98

**5 Europa nach 1945: Die Überwindung der nationalis-
tischen Konfrontation** **100**

5.1 Die Teilung Europas (1945–1947) 100

5.2 Motive für die europäische Einigung 100

5.3 Schritte der europäischen Integration 101

5.4 Die deutsch-französische Aussöhnung 102

Der Nahe Osten: Historische Wurzeln eines weltpolitischen Konflikts

**1 Jüdisches Selbstständigkeitsstreben
im antiken Palästina** **103**

1.1 Das jüdische Volk vor der römischen Eroberung 103

1.2 Das jüdische Volk unter römischer Herrschaft 104

**2 Konflikte zwischen Christen und Muslimen
im Zeitalter der Kreuzzüge** **105**

2.1 Christen und Juden unter muslimischer Herrschaft 105

2.2 Die Zeit der Kreuzzüge 105

2.3 Bilanz der Kreuzzüge 106

3 Konflikte bis zur Gründung Israels **106**

3.1 Begriffliche Grundlagen 106

3.2 Die britische Nahostpolitik 107

**4 Israel und seine arabischen Nachbarn
im Spannungsfeld des Kalten Kriegs** **109**

4.1 Die Suezkrise (1956) 109

4.2 Sechstagekrieg (1967) und Yom-Kippur-Krieg (1973) 110

4.3 Das Camp-David-Abkommen zwischen Israel
und Ägypten (1978) 111

**5 Gestaltung und Gefährdung des Friedensprozesses
im Nahen Osten** **112**

5.1 Die erste Intifada 112

5.2 Chancen und Probleme des Friedensprozesses bis 2000 113

5.3 Die zweite Intifada (2000 – 2005) 114

5.4 Die „Roadmap" des Nahostquartetts 114

5.5 Aktuelle Situation 115

Die USA – von den rebellischen Kolonien zur globalen Supermacht

1 Die Herausbildung des US-Selbstbewusstseins in der Auseinandersetzung mit Großbritannien **116**

1.1 Besonderheiten der britischen Kolonialisierung 116

1.2 Der Unabhängigkeitskrieg (1775–1783) 117

1.3 Die Verfassung der USA (1787) 119

1.4 Entstehung des US-amerikanischen Selbstbewusstseins 119

2 Der Aufstieg der USA zur Weltmacht im 19. Jh. **120**

2.1 Westexpansion und territoriale Erschließung 120

2.2 Der amerikanische Sezessionskrieg (1861–1865) 121

2.3 Wirtschaft und Gesellschaft der USA um 1900 122

2.4 Die Außenpolitik im Zeichen des Imperialismus 122

3 Die Interventionen im Ersten und Zweiten Weltkrieg **124**

3.1 Die Intervention im Ersten Weltkrieg 124

3.2 Die Intervention im Zweiten Weltkrieg 125

4 Die USA in der Zeit des Kalten Kriegs (1945–1991) **127**

4.1 Die endgültige Abkehr vom Isolationismus 127

4.2 Der Korea-Krieg als Stellvertreterkrieg (1950–1953) 128

4.3 Die Kuba-Krise (1962) als Höhepunkt des Kalten Kriegs 129

5 Motive, Möglichkeiten und Grenzen der Supermacht USA **129**

5.1 „Humanitäre Interventionen" auf dem Balkan 129

5.2 Der „Krieg gegen den Terror" 130

5.3 Handlungsspielräume der USA – Möglichkeiten und Grenzen im Überblick 131

Erstellt von Matthias Ehm

Vorwort

Liebe Schülerinnen und Schüler,

in diesem handlichen Skript finden Sie alle wesentlichen Inhalte, die Sie im Fach **Geschichte** im Abitur beherrschen müssen. Es führt Sie in **zehn Kapiteln** durch den **prüfungsrelevanten Stoff**, den das bayerische Bildungsministerium in seinen inhaltlichen Vorgaben für das Abitur festgelegt hat.

Durch seinen klar strukturierten Aufbau eignet sich dieses Skript besonders zur Auffrischung und Wiederholung des Prüfungsstoffs kurz vor dem Abitur:

- Über das **Inhaltsverzeichnis** finden Sie schnell das gesuchte Kapitel.

- Zahlreiche **Abbildungen** veranschaulichen den jeweiligen Lerninhalt.

- Komplexe Zusammenhänge werden in **tabellarischen Übersichten** anschaulich dargestellt.

- Wichtiges wird durch **Fettdruck** hervorgehoben.

- Mithilfe des **Stichwortverzeichnisses** finden Sie schnell die gesuchten Begriffe.

Viel Erfolg beim Lernen mit diesem Buch!

Matthias Ehm

Leben in der Ständegesellschaft des 15. bis 18. Jahrhunderts

1 Die Epoche der „Frühe Neuzeit" (1500–1800)

Als **Frühe Neuzeit** bezeichnet man die Zeit zwischen dem ausgehenden Spätmittelalter (Ende 15. Jahrhundert) und dem Beginn der Moderne (Ende 18. Jahrhundert). Zur Abgrenzung können verschiedene **Schlüsselereignisse** herangezogen werden:

Beginn der Frühen Neuzeit	Ende der Frühen Neuzeit
• Erfindung des modernen Buchdrucks durch Johannes Gutenberg (um 1450) • Entdeckung Amerikas durch Christoph Kolumbus (1492) • Beginn der Reformation in Deutschland (1517)	• Französische Revolution (ab 1789) • Ende des Heiligen Römischen Reichs Deutscher Nation (1806)

Das Heilige Römische Reich Deutscher Nation

In politischer Hinsicht wurde die Frühe Neuzeit im deutschsprachigen Kulturraum durch das **Heilige Römische Reich Deutscher Nation** geprägt. Dieses „Alte Reich" war kein einheitlicher Nationalstaat, sondern ein vom Kaiser geführter **Bund weitgehend unabhängiger Territorien**, der nur wenige gemeinsame Institutionen hatte (z. B. Reichstag). Auf dem Gebiet des heutigen Bayern etwa existierten viele verschiedene **Territorialstaaten**, vom großen Kurfürstentum Bayern über geistliche Staaten wie das Bistum Bamberg bis hin zu freien Reichsstädten wie Regensburg oder Augsburg.

Grundlinien und Faktoren der Bevölkerungsentwicklung

Zwischen 1000 und 1800 kam es in Deutschland Schätzungen und Hochrechnungen zufolge zu einer Zunahme der Bevölkerung von 4 auf ca. 24 Millionen. Die **Bevölkerungsentwicklung** verlief dabei nicht linear, sondern **wellenförmig**. Es gab immer wieder Schrumpfungs- oder Stagnationsphasen, die von stärkerem Wachstum abgelöst wurden.

Bevölkerungsentwicklung	Ursachen
Bevölkerungsrückgang im Spätmittelalter (14./15. Jahrhundert)	• 1347–1352: Pestwellen („Schwarzer Tod") • Infektionskrankheiten (z. B. Pocken) • Anfang 15. Jahrhundert: Rückgang der Temperaturen und daraus resultierende Ernteausfälle (Beginn der „Kleinen Eiszeit")
Bevölkerungswachstum im 16. Jahrhundert	Ausdehnung der landwirtschaftlichen Anbauflächen und damit höhere Ernteerträge
Bevölkerungsrückgang im 17. Jahrhundert	• 1618–1648: Dreißigjähriger Krieg mit Ernteausfällen, Hungersnöten und Seuchen • besonders kalte Phasen der „Kleinen Eiszeit"
Beschleunigtes Bevölkerungswachstum im 18. Jahrhundert	Verbesserung der Versorgungssicherheit durch Landesherren, Neulandgewinnung, Einführung neuer Anbaumethoden, wärmeres Klima

Wichtige Faktoren der demografischen Entwicklung

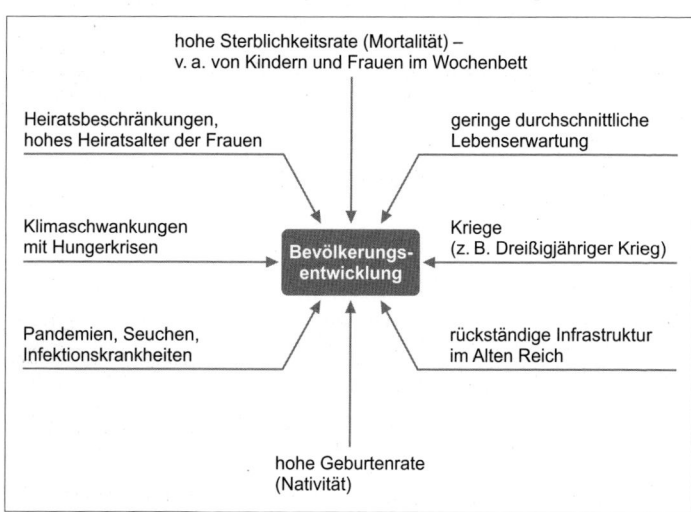

2 Aufbau und Merkmale der Ständegesellschaft

Aufbau der Ständegesellschaft

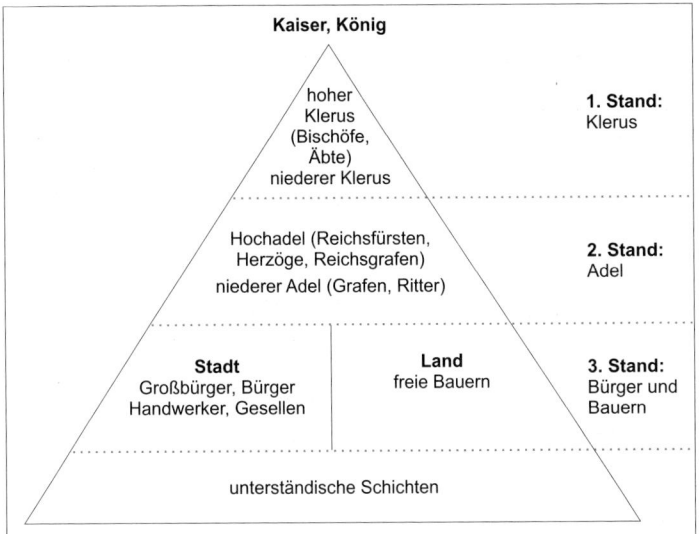

Merkmale der Ständegesellschaft

- Menschen wurden in eine bestimmte soziale Gruppe hineingeboren (**Geburtsstand**). Diese bestimmte den sozialen und wirtschaftlichen Status sowie die Rechte und Pflichte der Menschen.
- Nur der **Klerus** (der geistliche Stand) war ein **Funktionsstand**, dessen Vertreter ernannt wurden.
- Die Menschen definierten sich über das **Standesbewusstsein**, also durch ihre Zugehörigkeit zu einem Stand.
- Die **hierarchische Gliederung** der Gesellschaft mit ihrer sozialen und politischen Ungleichheit wurde als **gottgewollt** legitimiert.
- Zahlreiche **soziale Normen** wie z. B. Kleiderordnungen sollten die Unterscheidbarkeit der Stände sicherstellen.
- Die **privilegierten Stände** wie der Adel oder das städtische Großbürgertum profitierten von dieser sozialen Ordnung.

- Große Teile der Bevölkerung gehörten **unterständischen Schichten** an und lebten in Rechtlosigkeit, Ausgrenzung und Armut.
- **Soziale Mobilität** (Aufstieg in höheren Stand) war kaum möglich.

3 Die Rolle von Adel und Klerus

Der Adel und der adlige Klerus nahmen, obwohl ihr Anteil an der Gesamtbevölkerung sehr gering war, in der Ständegesellschaft eine herausragende Stellung ein.

Die Rolle des Adels

politisch / wirtschaftlich	**gesellschaftlich**
• oft umfangreicher Landbesitz • Rolle als gottgegebene Obrigkeit • Anspruch auf Führungspositionen in Staat und Kirche • Ausübung der Gerichtsbarkeit • Privilegien (Vorrechte) wie Steuerfreiheit	• kulturelle Dominanz durch repräsentativen Lebensstil • Pflege der Traditionen des ritterlichen Lebensstils • Sicherung der adligen Exklusivität, z. B. durch strenges Eherecht, Standes- und Selbstbewusstsein

Bedeutungsverlust des Adels

Seit Mitte des 18. Jahrhunderts setzte ein allmählicher **Bedeutungsverlust** ein. Verantwortlich für diese Entwicklung waren u. a.
- die **ökonomische Konkurrenz** des reichen Stadtbürgertums,
- der **Verlust von Herrschaftsrechten und Verwaltungsfunktionen** des Adels durch die Herausbildung der absolutistischen Herrschaft,
- die zunehmende **Konkurrenz durch Bürgerliche** in der staatlichen Verwaltung oder beim Militär.

Klerus

Seine Vertreter wurden ernannt und stammten überwiegend aus dem Adel. Dieser hatte das Vorrecht, die geistlichen Fürstentümer, Bischofssitze, Abteien sowie Domkapitel und Damenstifte zu besetzen. Dieses Privileg war einerseits wichtig, um die nachgeborenen, nicht erbberechtigten Kinder des Adels standesgemäß zu versorgen. Andererseits diente die Kirche aber auch der Herrschaftssicherung des Adels.

hoher Klerus	niederer Klerus
• Angehörige adliger Familien • als geistliche Landesherren Herrschaft über eigenständige Territorien • Erzbischöfe und Bischöfe • Äbte/Äbtissinnen großer Reichsklöster	• Angehörige bürgerlicher oder bäuerlicher Familien • Äbte weniger bedeutender Klöster • Mönche, Nonnen • Pfarrer, Vikare

4 Stadtbürgertum, Bauern und Unterschichten

4.1 Stadtbürgertum

Es gibt **zwei Definitionsmöglichkeiten** des Begriffs „Stadtbürger".

im engeren Sinn	im weiteren Sinn
Personen mit Bürgerrecht: • Oberschicht: Patrizier („Stadtadel") und angesehene Bürger („Honoratioren") • Mittelschicht: in Zünften organisierte Handwerker, kleine Kaufleute, mittlere Angestellte und Beamte	**alle Stadtbewohner** einschließlich der recht- und mittellosen Unterschichten

4.2 Bauern

Die Landwirtschaft bildete die wirtschaftliche Basis für die frühneuzeitliche Gesellschaft. Von den Abgaben der Bauern lebten Adel, Klerus und Landesherren. Der Stand der Bauern war eine sehr **heterogene Gruppe**, deren Mitglieder sich durch Größe und Qualität ihres Landes sowie durch die Art ihrer Besitzrechte am Land unterschieden.

Rechtliche Stellung der Bauern

freie Bauern	unfreie Bauern
• eigener Landbesitz • keine direkte Abhängigkeit von einem Grundherrn • keine Abgaben und Dienste • Zahlung von Steuern an Landesherrn	• kein eigener Landbesitz, lediglich Nutzungsrechte • Abhängigkeit von einem Grundherrn • Abgaben und Dienste

4.3 Unterbäuerliche Schichten

Zu den unterbäuerlichen Schichten gehörten Landbewohner, die **keinen Hof und kein Land** besaßen, und daher am Rande des **Existenzminimums** lebten, z. B. das Gesinde (Mägde und Knechte), aber auch Tagelöhner. Aus dieser Schicht rekrutierte sich zudem das „**fahrende Volk**" der Vaganten oder Vagabunden, die wegen des Fehlens eines sozialen Netzes ihren Geburtsort verlassen mussten.

5 Die politische und gesellschaftliche Ordnung auf dem Land

In der Frühen Neuzeit lebten etwa 80 Prozent der Menschen auf dem Land mit dem **Dorf als sozialem Zentrum**. Ein sehr großer Teil der ländlichen Bevölkerung war in das System der Grundherrschaft eingebunden. Neben Bauern und unterbäuerlichen Schichten lebten auch Handwerker und die Heimarbeiter des Verlagssystems auf dem Land.

5.1 Die Grund- und Gutsherrschaft

Die Feudalordnung in der Frühen Neuzeit war bestimmt von zwei **Organisationsformen der Herrschaft:** der Grundherrschaft westlich der Elbe und der Gutsherrschaft östlich davon.

Funktionsweise der Grundherrschaft

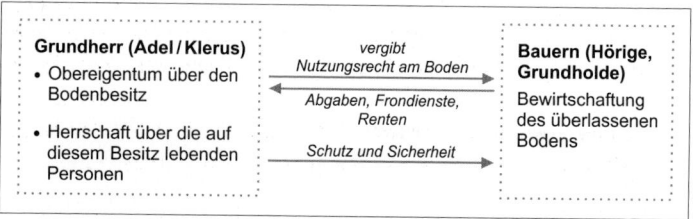

Gutsherrschaft

Diese Herrschaftsform war v. a. im preußischen Ostdeutschland („**Ost-elbien**") verbreitet. Der Gutsherr bewirtschaftete seinen Besitz mit einem Gutshof selbst mithilfe ihm persönlich unterstellter Bauern. Diese mussten auf dem Gutshof und den Hofstellen ihres Gutsherrn arbeiten (**Frondienste, Gesindedienste**). Zudem nahmen die persönliche Bindung an und die Abhängigkeit vom Gutsherrn immer weiter zu (**Gutsleibeigenschaft**).

Grund- und Gutsherrschaft – wichtige Begriffe

Frondienste	Arbeitsleistungen, die der Bauer mehrere Tage im Jahr für den Adel erbringen musste. Dazu gehörten auch sog. Hand- und Spanndienste.
Renten	Regelmäßige und festgelegte Geldzahlungen, die v. a. in Süd- und Westdeutschland die alten Naturallieferungen ersetzten.
Erbunter-tänigkeit	Auf die Nachkommenschaft vererbliche persönliche Bindung des Bauern und seiner Familie an die vom Gutsherren überlassene Hofstelle.
Leibeigen-schaft	Extreme Form der Erbuntertänigkeit in Ostelbien mit sklavenartigem Rechtsverhältnis zwischen Bauer und Gutsherr

5.2 Politische Organisation des Dorfs

Die Dörfer hatten einen unterschiedlich hohen Grad an Autonomie (Selbstverwaltung). Im Normalfall gab es eine **Mischform aus herrschaftlicher und genossenschaftlicher Ordnung**. So war der **Grundherr** (oder ein Stellvertreter) Gerichtsherr des **Dorfgerichts**, das die niedere Gerichtsbarkeit innehatte. Es regelte u. a. Erbverträge und Besitzübertragungen, ahndete aber auch kleinere Delikte wie Beleidigungen oder Schlägereien. Die **Dorfgenossenschaft** vertrat die kollektiven Interessen der Bauern. Mindestens einmal im Jahr trat die **Gemeindeversammlung** zusammen, die aber nur aus den Hausvätern der besitzenden Bauernfamilien bestand. Sie legte z. B. die Anbauordnung fest, verkündete das Dorfrecht und wählte die Amtsleute des Dorfes.

6 Die politische und soziale Ordnung in der Stadt

6.1 Die bürgerliche Stadt

Die Entwicklung der bürgerlichen Stadt

• Zunahme des Fernhandels • Entstehung einer Kaufmannsschicht	ansteigende Nachfrage nach handwerklichen Waren infolge des starken Bevölkerungswachstums	• Gewährung von Sonderrechten für Städte durch Herrschaftsträger • persönliche Freiheit der Bürger

↓

Entwicklung der bürgerlichen Stadt

Kennzeichen
- starke rechtliche Autonomie (z. B. städtische Gerichtsbarkeit)
- Selbstverwaltung durch gewählte Stadtregierung (Rat)
- gewerblicher Markt als wirtschaftliches Zentrum
- burgartige Anlage mit Stadtmauern zur Selbstverteidigung

Die rechtliche Stellung der Stadtbewohner

Entscheidend für die Stellung eines Stadtbürgers war das Bürgerrecht. Nur Inhaber des **Bürgerrechts** durften

- Handwerksmeister oder Geschäftsinhaber sein,
- Häuser und Land im Stadtgebiet besitzen,
- das aktive Wahlrecht ausüben,
- städtische Verwaltungsämter innehaben,
- zum Rat der Stadt gehören,
- Vorzugsbehandlung bei Steuern und Zöllen beanspruchen,
- Alters-/Krankenfürsorge aus städtischen Stiftungen beziehen,
- städtisches Gemeinschaftseigentum (Allmende, z. B. Wald) nutzen.

Neben den Bürgern gab es in der Stadt viele **Einwohner minderen Rechts** (Schutzverwandte, Bei- oder Hintersassen). Gegen die Zahlung eines **Schutzgeldes** und höherer Steuern konnten diese auf Widerruf in der Stadt bleiben und ein Geschäft oder Handwerk betreiben. Zu dieser Gruppe gehörten u. a. Dienstboten, Gesellen und Juden.

Eine weitere Randgruppe stellten die Menschen mit „**unehrlichen**" **Berufen** dar, die geringes gesellschaftliches Ansehen genossen. Aufgrund ihrer schmutzigen und blutigen Tätigkeiten gehörten u. a. die **Abdecker**, die **Scharfrichter** und die **Totengräber** zu dieser Gruppe. Sie besaßen **kein Bürgerrecht** und wurden von den „ehrbaren" Leuten ausgegrenzt, indem sie außerhalb der Stadtmauer wohnen mussten bzw. zum Tragen besonderer Kleidung gezwungen wurden.

6.2 Die Juden als Randgruppe der Gesellschaft

Rechtliche und gesellschaftliche Stellung der Juden

frühes Mittelalter bis 11. Jhd.	• gut organisierte und relative wohlhabende **jüdische Gemeinden** in Bischofsstädten • **Schutz der Juden** durch kirchliche Stadtherren • rege **wirtschaftliche Tätigkeit**, auch im Fernhandel
seit Ende des 11. Jhd.	• mit Beginn der Kreuzzugbewegung zunehmende **kollektive Diffamierung** der Juden als religiöse Minderheit, vermehrte Verbreitung falscher Anschuldigungen („Hostienschänder", „Brunnenvergifter", „Zinswucherer") • gewaltsame Ausschreitungen (**Pogrome**) gegen die Juden im Zusammenhang mit der Kreuzzugbewegung und während der Pestwellen • rechtliche Sonderstellung der Juden als „**Kammerknechte**" des Kaisers: Schutz der Juden gegen Zahlung hoher Steuern • **Diskriminierung** durch Tätigkeitsverbote (Fernhandel, Handwerk) und Kennzeichnungspflicht (Judenhut) sowie die Errichtung von Gettos in den Städten • **Vertreibung** aus den Städten auch aus wirtschaftlichen Gründen, Abwanderung
Frühe Neuzeit	• Andauern der **Diffamierung und Diskriminierung** der Juden als Randgruppe • aber gleichzeitig auch zunehmende **Verrechtlichung der jüdischen Position** im Absolutismus: Verbot von Vertreibung, Aufhebung von Tätigkeitsbeschränkung und Kennzeichnungspflicht • Rückgriff der absolutistischen Fürsten auf jüdische Finanz- und Wirtschaftsexperten („**Hoffaktoren**", „**Hofjuden**") im Rahmen der Rationalisierung der staatlichen Wirtschaftspolitik → **Juden als Wirtschaftsfaktor** • in Krisenzeiten (Pest, Kriege) weiterhin **Vertreibung**

Zusammenfassung: Politisch-soziale Ordnung in der Stadt

soziale Stellung	städtische Bevölkerung	politische Teilhabe	rechtliche Stellung
Ober-schicht	• Patriziat		
	• Honoratioren (Kaufmann-schaft, hohe Beamte, Akademiker)	Bürgermeister Rat	
Mittel-schichten	• wohlhabende Zunfthandwerker		*Bürgerrecht*
	• zünftisch organisiertes Handwerk, kleine Kaufleute, mittlere Beamte und Angestellte (Lehrer, Gerichts-diener)		
Unter-schichten	• unehrliches Handwerk		
	• unterste städtische Beamte und Angestellte		
	• Dienstboten (Gesinde)		*Einwohner minderen Rechts*
	• ungelernte Arbeiter im Handwerk und Gewerbe		
	• Tagelöhner		
	• Juden		
	• Arbeitslose, Arbeitsunfähige, Bettler, Almosenempfänger		*rechtlos*

7 Vorindustrielle Arbeitswelten

7.1 Agrarische Subsistenzwirtschaft

Die ländliche Bevölkerung betrieb im Wesentlichen Subsistenzwirt-schaft im Bereich von **Ackerbau** und **Viehzucht**. Das heißt, sie arbei-tete neben den Abgaben und Pflichten für den Grundherrn in erster Linie für die **Eigenversorgung**. Arbeitsalltag und Jahresablauf der Landbevölkerung wurden dabei von der Natur bzw. vom Anbaukalen-der bestimmt. Da es kaum Maschinen gab, mussten die meisten Tätig-keiten von Hand erledigt werden. Das dörfliche **Handwerk und Ge-werbe** produzierte vor allem für den Bedarf der Bauern.

Dreifelderwirtschaft und Allmende

Die Verflechtung der Felder auf der dörflichen Flur und die Zersplitte-rung des Besitzes machten eine enge Zusammenarbeit der Bauern nötig.

Bei der Dreifelderwirtschaft wurde jeweils ein Drittel der Felder mit **Sommergetreide** und **Wintergetreide** bebaut, ein Drittel der Felder lag zur **Regeneration des Bodens** brach. Der **Flurzwang** legte die für alle verpflichtenden Anbauprodukte und den Ablauf der nötigen Arbeiten wie Pflügen oder Ernten fest.
Daneben mussten die Bauern auch noch die **Nutzungsrechte** an der Allmende (**Gemeinschaftsbesitz**, z. B. Wiesen, Weiden, Wald) regeln.

7.2 Zünfte als Organisationsform des Handwerks

Eine Zunft war eine auf Zwangsmitgliedschaft beruhende Ständevertretung eines Handwerkszweigs mit eigener Rechtsprechung. Sie regelte das gesellschaftliche und wirtschaftliche Leben ihrer Mitglieder.

wirtschaftliche Aufgaben	gesellschaftliche Aufgaben
• Verteilung von Aufträgen und Rohstoffen unter den Zunftmitgliedern • Verhindern von Konkurrenz • Regelung der Produktionsweise und Arbeitsorganisation • Festsetzung von Preisen • Qualitätsprüfung der Waren	• Regulierung der Ausbildung • Regelung der Nachfolge bei frei werdenden Meisterstellen • Hilfeleistungen für Handwerkerfamilien im Krankheits- oder Todesfall • Überprüfung des Lebenswandels der Zunftmitglieder • Pflege eines besonderen Brauchtums • Stärkung des Zusammengehörigkeitsgefühls

Die umfassenden Regulierungen der **Zünfte** erwiesen sich im 17. und 18. Jahrhundert zunehmend als **unflexibel** und **innovationsfeindlich**.

7.3 Das Verlagssystem

In der Frühen Neuzeit entstanden mit dem frühkapitalistischen Verlagssystem die **ersten gewerblichen Großbetriebe** zur dezentralen, handwerklichen Produktion und zum zentralen Verkauf von Waren. Ein Unternehmer (**Verleger**) plante die Produktion und den Absatz von Waren, die von **Heimarbeitern** hergestellt und von Aufsehern (**Faktoren**) kontrolliert wurden.

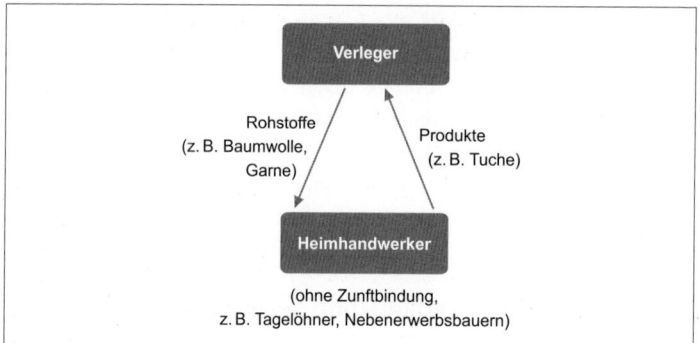

Somit standen sich **unabhängige Unternehmer** und **abhängige Arbeiter** ohne Bindung an eine Zunft gegenüber.

Vorteile für den Verleger	Nachteile für den Heimhandwerker
• geringer Kapitalaufwand	• Abhängigkeit vom Verleger
• Abwälzen der Produktionskosten (z. B. Geräte, Energie) auf die Heimarbeiter	• Ausbeutung
	• niedrige Abnahmepreise
• Anwerbung von Arbeitskräften nach Marktlage	• ungeregelte Arbeitszeit
• hohe Gewinnspannen	• Krisenanfälligkeit und fehlende existenzielle Sicherheit

7.4 Die Manufaktur

Eine Manufaktur war ein zentralisierter Großbetrieb, in dem Luxusgüter (Baumwolltextilien, Spiegel, Teppiche) oder Waren des täglichen Bedarfs in **Massenproduktion** hergestellt wurden. Zwar gab es **Arbeitsteilung** und **rationalisierte Arbeitsabläufe**, es herrschte aber weiterhin **Handarbeit** vor. Neuartig war die **Trennung von Wohnung und Arbeitsplatz**, die dem Unternehmer eine bessere Kontrolle bzw. eine stärkere Disziplinierung der Arbeiterschaft ermöglichte.

Die „Protoindustrialisierung"

Lange vor der Industrialisierung bildeten sich in Manufaktur bzw. im Verlagswesen moderne Verfahren wie **Arbeitsteilung**, **Spezialisierung** und **Marktorientierung** heraus. Diese Entwicklung bedrohte das traditionelle, in Zünften organisierte Handwerk. Die Zahl der von Unternehmern **abhängigen Lohnarbeiter** ohne Zunftbindung wuchs.

8 Fürsorge und soziale Sicherung in der Ständegesellschaft

8.1 Haus und Familie

Die Hausgemeinschaft

Die Hausgemeinschaft stellte für die Menschen die wichtigste und unmittelbarste Form der sozialen Ordnung dar. Anders als heute wurde die Hausgemeinschaft nicht in erster Linie durch persönliche Beziehungen bestimmt, sondern das „**ganze Haus**" war eine **familiäre Rechts-, Arbeits- und Lebensgemeinschaft**. Diese umfasste neben der Kernfamilie und den im Haus lebenden Blutsverwandten auch das Gesinde, Lehrlinge oder Gesellen. Verbindendes Element war das gemeinsame Arbeiten und Wohnen. Im Zentrum der Rechtsgemeinschaft des Hauses standen die Eheleute (Hausvater und Hausmutter).

Geschlechterrollen

Die meist aus wirtschaftlichen Gründen geschlossene Ehe galt zwar als freiwilliger Vertrag gleichwertiger Partner, trotzdem waren die Familien in der Regel **patriarchalisch** organisiert.

Hausvater	Hausmutter
• Schlüsselgewalt • Verantwortung für Hausgemeinschaft • Sorge für Lebensunterhalt • Überwachung der Einhaltung von kirchlichen Geboten und weltlichen Normen • Züchtigungsrecht • Vertretung des „Hauses" nach außen • Verfügungsrechte über Frau (Besitz)	• ebenfalls wichtige Stellung im Haus • Mitarbeit im bäuerlichen oder Handwerksbetrieb • Verantwortung für die Angelegenheiten des Haushalts • Ernährung der Familie und Kindeserziehung • Weisungsrecht über Gesinde

In **Bauern- und Handwerkerfamilien** mussten sich Mann und Frau Arbeiten in der Landwirtschaft oder im Handwerksbetrieb teilen. Frauen aus dem **Adel** oder dem **reichen Stadtbürgertum** konnten sich dagegen auf den Haushalt und repräsentative Aufgaben beschränken.

8.2 Obrigkeitliche Sozialfürsorge

Fürsorge als Teil der Sozialdisziplinierung

Der absolutistische Staat verstärkte seit dem 16. Jahrhundert die **Kontrolle** der Gesellschaft, um sein **Machtmonopol** durchzusetzen. Deshalb versuchte er, mithilfe von **Policey-, Sitten- und Kirchenordnungen** auf alle Stände regelnd und disziplinierend einzuwirken.

Der Wandel der Sozialfürsorge in der Frühen Neuzeit

Mittelalterliche Stadt
Barmherzigkeit und Almosengeben an Arme als Gebot der Nächstenliebe und Mittel zur Buße von Sünden (Siechenhaus und Spital als Mittelpunkt der Sozialfürsorge)

- Zunahme der Bettelarmut
- Ablehnung der Almosenlehre und Aufwertung der Arbeit im Protestantismus
- Aufhebung von Klöstern in protestantischen Gebieten

Frühe Neuzeit
- Bettelverbot
- wachsende Ausgrenzung der Armen
- Reglementierung und Kontrolle (z. B. Arbeitspflicht für Arme, Internierung in Arbeitshäusern)
- landesherrliche Fürsorgeeinrichtungen
- soziale statt religiöse Motivation
- erzieherischer Ansatz (z. B. Zucht- und Arbeitshäuser)
- Organisation nach rationalen Kriterien
- Verwaltungsaufbau

Beispiele von Fürsorgeeinrichtungen

auf dem Land	in der Stadt
• Stiftungen	• Hospitäler und Stiftungen
• Landzünfte	• Waisen-, Zucht- und Arbeitshäuser
• dörfliche Spitäler	• Gesellenbruderschaften
	• Unterstützungskassen der Zünfte

Leben in der entstehenden Industriegesellschaft des 19. Jahrhunderts

Unter **Industrialisierung** versteht man den Bedeutungszuwachs des industriellen Sektors einer Volkswirtschaft auf Kosten des traditionellen Handwerks und der Landwirtschaft. Grundlage hierfür war ein Wandel des Fertigungsprozesses: Die Einzelfertigung in Handwerksbetrieben oder Manufakturen wurde ersetzt durch die **Massenproduktion in Fabriken**. Der Einsatz von **Maschinen** führte zu einer enormen Steigerung der Produktivität. Das Wirtschaftswachstum ließ die Nachfrage nach Arbeitskräften ansteigen, wodurch eine **abhängige Lohnarbeiterschicht** entstand.

Weil dieser bahnbrechende Prozess nicht nur die wirtschaftliche, sondern auch die gesellschaftliche, kulturelle und politische Entwicklung in den betroffenen Staaten entscheidend prägte, wird oft der Begriff „**Industrielle Revolution**" verwendet. Rasch wandelte sich die agrarisch geprägte Ständegesellschaft zur **Industriegesellschaft**. Kehrseite dieses Modernisierungsprozesses waren die miserablen Arbeits- und Lebensbedingungen der neu entstandenen Klasse der Lohnarbeiter.

1 Grundlinien und Einflussfaktoren der Bevölkerungsentwicklung

Ursachen des Bevölkerungswachstums

Seit Mitte des 18. Jahrhunderts kam es zu einer „**Bevölkerungsexplosion**" in ganz Europa. Zu deren Ursachen zählen:

- Steigerung der landwirtschaftlichen Produktion („agrarische Revolution")
- Zunahme der Geburten nach **Aufhebung** der ständischen **Heiratsbeschränkungen**
- bessere Verteilung von Nahrungsmittel in Krisen durch den **Ausbau des Verkehrswesens** nach 1835 (Eisenbahn, Dampfschifffahrt)
- **Verbesserung der Hygiene** durch Ausbau der Infrastruktur in den Städten (Kanalisation, Trinkwasserversorgung)

- Zurückdrängung großer Seuchen durch **medizinische Fortschritte** (Arzneimittel, Impfung)
- **lange Friedensphase** nach dem Ende der Napoleonischen Kriege (1815) in Europa
- **Zunahme von Arbeitsplätzen** in der Industrie nach 1850 bietet höhere finanzielle Sicherheit und erleichtert so Familiengründungen

Das Modell des demografischen Übergangs

Das Bevölkerungswachstum lässt sich mit dem Modell des demografischen Übergangs verdeutlichen. Dieses zeigt den in **fünf Phasen** verlaufenden Wandel von hohen zu niedrigen Geburten- und Sterbeziffern.

Phase 1	**Agrargesellschaft:** hohe Geburten- und Sterbeziffern → kaum Bevölkerungszuwachs
Phase 2	**frühe Industrialisierung:** sinkende Sterblichkeit durch zunehmende Lebenserwartung, weiterhin hoher Geburtenzahl → hoher Bevölkerungszuwachs
Phase 3	**Übergangsphase:** synchrones Absinken von Geburten- und Sterberate → weiterhin hohes Bevölkerungswachstum
Phase 4	**Industriegesellschaft:** sinkende Geburtenziffer, höhere Lebenserwartung → Rückgang der Zuwachsrate
Phase 5	**postindustrielle Gesellschaft:** niedrige Geburten- und Sterbeziffer, hohe Lebenserwartung, Bevölkerungsstagnation oder -abnahme

Für die Entwicklung der Industriegesellschaft im 19. Jahrhundert in Deutschland sind die Phasen 1 bis 3 relevant.

2 Liberalisierung durch staatliche Reformen

2.1 Rückständigkeit Deutschlands zu Beginn des 19. Jahrhunderts

Während die Industrialisierung in England schon Mitte des 18. Jahrhunderts einsetzte, begann in Deutschland die eigentliche Industrielle Revolution mit dem sog. **wirtschaftlichen „take off"** erst ab ca. 1840. Diese Rückständigkeit ist v. a. auf folgende **Gründe** zurückzuführen.

Folgen der Kleinstaaterei (Partikularismus)	Beharrungskräfte der feudalen Ständegesellschaft
• kleine, regional beschränkte Märkte ohne große Gewinnchancen • Behinderung des freien Handels durch Handelsbeschränkungen und Zölle • Handelserschwernis durch uneinheitliche Maße, Gewichte und Währungen • unterentwickelte Infrastruktur	• fehlende Möglichkeit zur sozialen Mobilität und Kapitalbildung aufgrund der Feudalordnung • fehlender Wettbewerb und Behinderung der Modernisierung durch Zünfte • Fehlen eines selbstbewussten und investitionsbereiten Bürgertums

2.2 Ausgangslage

Nach der Auflösung des Alten Reichs (1806) setzten in den deutschen Territorien umfassende **staatlichen Reformen** ein. Ziel der landesherrlichen Regierungen war es, Wirtschaft und Staat grundlegend zu modernisieren und die alte Ständegesellschaft zu zerschlagen. Man spricht in diesem Zusammenhang von einer „**Revolution von oben**".

2.3 Die Reformen in Preußen

In Preußen war der Reformdruck nach der vernichtenden militärischen Niederlage gegen Napoleon am größten. Im **Frieden von Tilsit** (1807) verlor Preußen die Hälfte seines Territoriums. Zudem musste es hohe Besatzungskosten tragen und Entschädigungszahlungen an Frankreich leisten. Ziel der **preußischen Reformer** um den Reichsfreiherrn vom und zum Stein und den Freiherrn von Hardenberg war es, die französische Herrschaft abzuschütteln und Preußens Machstellung zurückzugewinnen. Die Reformer setzen im **Oktoberedikt** (1807) und im **Regulierungsedikt** (1811) u. a. auf Deregulierung und den freien Markt.

Die Agrarreformen

Maßnahmen	• Aufhebung der Abhängigkeit der Bauern von Grund- und Gutsherren (Ende der Leibeigenschaft, Bauernbefreiung) • Ende der Heiratsbeschränkungen • Beseitigung der bäuerlichen Dienstverpflichtungen • Freizügigkeit (freie Berufswahl, freier Eigentumserwerb) • Privatisierung des Landeigentums • Ablösezahlungen der Bauern an die Grund- und Gutsherren

Ziele	• Einführung des Marktprinzips • Modernisierung der Landwirtschaft; Steigerung der Produktivität • Integration der Landbevölkerung in den modernen Staat • verbesserte Versorgung der rasch wachsenden Bevölkerung
Folgen	• gutsherrlicher Verlust des Obereigentums über das Land • Gutsbesitzer als Reformgewinner (Landerwerb von Bauern, Rationalisierung und Mechanisierung ihrer Güter) • Kleinbauern als Reformverlierer (wegen Kapitalmangel häufig zur Betriebsaufgabe gezwungen) • Freisetzung eines Arbeitskräftepotenzials für die wachsende Industrie (Kleinbauern, unterbäuerliche Schichten)

Die Gewerbereformen

Neben der Agrarrevolution war die Reform des gewerblichen und des finanziellen Sektors von großer Bedeutung.

Maßnahmen	• Gewerbefreiheit für alle Untertanen • Aufhebung der Zunftverfassung und des Zunftzwangs • Freizügigkeit (freie Berufswahl und Gewerbeausübung)
Ziele	• Entmachtung der Zünfte • Entstehen einer deregulierten, marktorientierten Industriewirtschaft durch Erleichterung von Betriebsgründungen • Stärkung der Staatseinnahmen durch Belebung der Wirtschaft
Folgen	• Zugewinn an persönlicher Freiheit und wirtschaftlichen Chancen • Erhöhung des Armutsrisikos für Handwerker durch Konkurrenz • Unternehmer- und Industriellenschicht als Gewinner

2.4 Die Reformen in Bayern

Als Verbündeter Frankreichs hatte Bayern nach 1803 einen Machtgewinn erfahren und war zu einem Flächenstaat geworden. Die aufgeklärt-liberale Umgestaltung der Gesellschaft wurde von dem leitenden Minister (1799–1817) **Maximilian Graf von Montgelas** durchgeführt. Die Umwandlung des Landes in privates Eigentum der Bauern hatte in Bayern jedoch bereits im 18. Jahrhundert begonnen. Weil die Ablösegelder in der Regel niedriger als in Preußen und die Bauern in der Grundherrschaft nicht so abhängig waren, verlief der Prozess erfolgreicher als in Preußen. Aber anders als dort gab es bis 1868 **keine völlige Gewerbefreiheit**. Zwar sollten 1825 per Gesetz die Zünfte abgeschafft werden, doch die Erlaubnis, ein Gewerbe zu führen, blieb an eine staatliche Konzession gebunden, deren Grundlage ein Fähigkeitsnachweis war.

3 Kennzeichen der Industrialisierung

3.1 Ablauf der Industrialisierung in Deutschland

Die Industrialisierung Deutschlands im 19. Jahrhundert kann in drei Phasen eingeteilt werden.

1750–1840	**Vor- oder Frühindustrialisierung:** Erste Ansätze einer Industrialisierung im zersplitterten Deutschland, beschränkt auf wenige Regionen und Sektoren (z. B. Textilindustrie)
1840–1871	**„Take-off-Phase":** Einsetzen der „Industriellen Revolution"; Schrittmacherindustrien: Montan- und Eisenindustrie, Schaffung eines einheitlichen Wirtschaftsraums, Eisenbahn als Leitsektor und Wachstumsmotor
1871–1918	**Hochindustrialisierung:** In der Zeit des Kaiserreichs Entwicklung zum weltweit führenden Industriestaat; „Zweite Industrielle Revolution" auf Basis von Elektrotechnik, chemischer Industrie, Maschinen- und Motorenbau

Kennzeichen des Industrialisierungsprozesses

Mentalitätswandel: Fortschrittsgläubigkeit, Risikobereitschaft

„agrarische Revolution": Produktionssteigerung in der Landwirtschaft

Deutscher Zollverein: einheitliche Maße, Gewichte, Währungen

Bevölkerungswachstum: Nachfrageanstieg, Arbeitskräfteüberschuss

Innovationen: Dampfmaschine, Spinnmaschine

Landflucht und **Verstädterung** (Urbanisierung)

Industrialisierung

Massenproduktion in Fabriken durch Maschinen

Soziale Frage: Arbeitslosigkeit und Verelendung

neue **Finanzierungsformen** wegen Kapitalbedarf der Großbetriebe

Gegensatz **Unternehmer – Lohnarbeiter**

Boom der **Schwerindustrie:** Eisen und Stahl, Bergbau

Leitsektor und Wachstumsmotor **Eisenbahn:** zunehmende Mobilität, sinkende Transportkosten

„Gleichzeitigkeit des Ungleichzeitigen"

Während sich mancherorts das Fabriksystem schnell etablierte, weil Rohstoffe oder risikobereite Unternehmer vorhanden waren, blieben anderenorts die Strukturen der Ständegesellschaft länger erhalten. Unterschiede gab es sowohl auf Ebene der Einzelstaaten des Deutschen Bunds bzw. des Deutschen Reichs als auch innerhalb dieser Staaten. So nahm z. B. **Preußen** einerseits eine **Vorreiterrolle im Industrialisierungsprozess** ein, anderseits blieben aber gerade die preußischen Gebiete östlich der Elbe weiterhin ländlich geprägt.

Preußen und Bayern – wirtschaftliche Entwicklung im Vergleich

Preußen	Bayern
• größter Staat des späteren Kaiserreichs	• Fehlen von Rohstoffvorkommen
• reiche Rohstoffvorkommen (u. a. Kohle)	• Binnenlage, fehlende Transportwege
• viele Industriereviere (z. B. Ruhrgebiet, Schlesien, Sachsen)	• vornehmlich agrarische Sozialstruktur
• intensive Wirtschaftsförderung durch den Staat: Reformpolitik, später auch Ausbau der Verkehrsinfrastruktur, Übernahme von Innovationen aus England (Industriespionage)	• geringere staatliche Impulse
	• trotz Eisenbahnbau und Zollverein Aufschwung erst mit der Reichsgründung
	• eher punktuelle Entstehung von Industriezentren in großen Städten (z. B. München, Augsburg, Nürnberg)

3.2 Lebens- und Arbeitsbedingungen im Industriezeitalter

Pauperismus

Nach 1800 kam es zu einer zunehmenden **Verarmung der stark anwachsenden Unterschichten**. Hauptursache war der starke Bevölkerungsanstieg, mit dem weder die Nahrungsmittelproduktion noch das Angebot an Arbeit Schritt halten konnten. Zudem trug die Gewerbefreiheit zu einem **Überangebot an Arbeitskräften im Handwerk** bei. Wegen der billigeren Konkurrenz der englischen Textilfabriken konnten die Verleger den Heimarbeitern nur noch geringe Löhne zahlen.

Proletarisierung

Die „**Take-off-Phase**" der Industrie sorgte für ein **wachsendes Angebot an Arbeitsplätzen** in den neuen Industrierevieren. So konnten große Teile der Unterschichten eine neue Existenzgrundlage finden, indem sie in die entstehenden Großstädte und Industriezentren abwanderten. Damit half die Industrialisierung, den vorindustriellen Pauperismus zu überwinden. Allerdings sah sich die neue **Industriearbeiterklasse** auch mit miserablen Arbeits- und Lebensbedingungen konfrontiert. Diese Schattenseiten der Industrialisierung fasst man unter dem Begriff „Proletarisierung" zusammen. **Proletarier** waren Personen, deren einziger Besitz ihre Arbeitskraft war, die sie an Unternehmer „verkauften".

Landflucht und Verstädterung

Während ein Teil der Bewohner des ländlichen Raums sein Glück in der **Emigration** suchte (z. B. in Amerika), wanderte ein anderer Teil in die Gewerbestädte und Industriezentren Deutschlands ab. Die Folge der **Binnenwanderung** war eine groß angelegte **Ost-West-Wanderung** aus den Gebieten östlich der Elbe (z. B. Schlesien) nach Berlin, Sachsen und ins **Ruhrgebiet**, dem wichtigsten deutschen Industrierevier. Folge der Landflucht war eine zunehmende **Verstädterung**.

Urbanisierung

Dieser Begriff wird verwendet, um Verstädterung aus **kulturgeschichtlicher Perspektive** zu betrachten. Dabei geht es um den Prozess der Ausbreitung großstädtischer **Lebensweisen** (z. B. Konsumverhalten, berufliche Differenzierung) und von **Wertvorstellungen**.

Die Fabrik als Arbeitsstätte – Charakteristika

- zentrale Steuerung der Produktion durch Unternehmer
- arbeitsteilige Produktion mit un- bzw. angelernten Arbeitskräften
- Rationalisierung des Produktionsprozesses (z. B. Fließband)
- Einsatz von Maschinen

3.3 Praktische Ansätze zur Lösung der Sozialen Frage

Die **Industriearbeiterschaft** wurde bis zum Ersten Weltkrieg zur **größten sozialen Gruppe**. Ihre miserablen Arbeits- und Lebensbedingungen wurden in den anderen gesellschaftlichen Schichten zunehmend als Problem gesehen, denn man fürchtete Unruhen. Damit wurde die **Lösung der Sozialen Frage** zu einem sozialen und politischen Anliegen.

Die Soziale Frage im 19. Jahrhundert

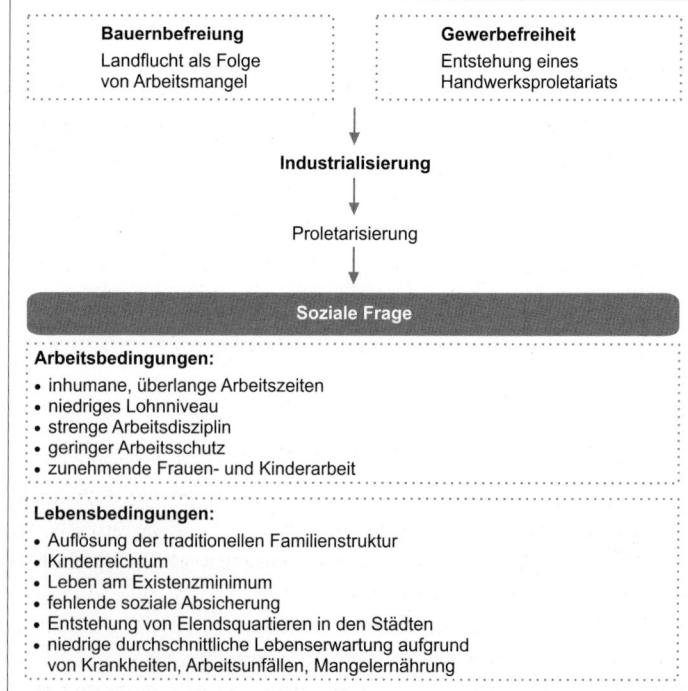

Lösungsansatz 1: Die Arbeiterbewegung

In der Anfangsphase der Industrialisierung hatten die **Arbeiter kaum politischen Einfluss**. Die traditionellen Parteien richteten ihre Programme vor allem an den Interessen des Adels sowie des Groß- und Bildungsbürgertums aus. Zudem begünstigte das eingeschränkte Wahlrecht vielerorts die Mittel- und Oberschicht. Aus der Erfahrung der Machtlosigkeit, Armut und Abhängigkeit heraus entwickelte sich ein **proletarisches Klassenbewusstsein**. Die Arbeiter erkannten, dass sie sich zur Wahrung ihrer Klasseninteressen **solidarisch** verhalten mussten, z. B. bei **Streiks** für bessere Arbeitsbedingungen. Schon vor der Jahrhundertmitte entstanden die ersten **Arbeiterbildungsvereine**. In diesen wurde Allgemeinbildung und Fachwissen vermittelt, über Politik diskutiert und das gesellige Miteinander gepflegt. Zudem kam es auf sozialer und politischer Ebene zur **Bildung größerer Zusammenschlüsse:** der Sozialdemokratie als Partei der Industriearbeiter und den Gewerkschaften.

Sozialdemokratie	Gewerkschaften
• anfangs revolutionäre Grundsätze („Diktatur des Proletariats", Vergesellschaftung des Eigentums) • spätere Hauptziele: Einführung des allgemeinen Wahlrechts und Durchsetzung sozialer Verbesserungen, z. B. Achtstundentag • Gegensatz der Sozialdemokratie zur monarchischen Reichsführung • 1878–1890: Verfolgung („Sozialistengesetze") • Aufstieg zur stärksten Partei im Kaiserreich	• Vereinigungen von Lohnarbeitern zur Vertretung ihrer Interessen („Freie Gewerkschaften", „Hirsch-Duncker'sche Gewerkvereine", „Christliche Gewerkschaften") • Koalitionsfreiheit (ab 1869): Recht auf Zusammenschluss und Streik • Ziel: Verbesserung der Arbeits- und Lebensbedingungen der Arbeiter • nach Aufhebung der Sozialistengesetze (1890) Entwicklung zu Massenorganisationen

Lösungsansatz 2: Die Genossenschaftsbewegung

Genossenschaften funktionierten auf der Grundlage von **Selbsthilfe, Selbstverantwortung** und **Selbstverwaltung** von Arbeitern, Bauern oder Handwerkern. Der wirtschaftliche Zusammenschluss sollte den Kleinproduzenten helfen, die eigene Marktposition gegenüber Lieferanten, Kunden sowie Kapitalgebern zu stärken und sich gegenseitig in Notsituationen zu unterstützen. Vorreiter dieser Bewegung war **Friedrich Wilhelm Raiffeisen**, der mit der Gründung von **Spar- und Dar-**

lehenskassen für Landwirte die Interessen der bäuerlichen Bevölkerung vertrat. Für die Belange der im Handwerk Tätigen trat Hermann Schulze-Delitzsch ein: **Konsumvereine** sollten ihren Mitgliedern den günstigen Einkauf von Waren ermöglichen, **Vorschuss- und Kreditkassen** sollten günstige Kredite für die Modernisierung von Betrieben zur Verfügung stellen.

Lösungsansatz 3: Unternehmerische Ansätze

Auch einzelne Unternehmerpersönlichkeiten wie Friedrich Harkort, Alfred Krupp oder Ernst Abbe versuchten, die Lage ihrer Arbeiterschaft zu verbessern. Motive waren neben der ständigen Konfrontation mit dem Elend der Arbeiter ein Gefühl **ethischer Verantwortung** und **patriarchalischer Fürsorgepflicht**, aber auch **unternehmerischer Weitblick**. So sollte vor allem die Bindung der Arbeiter an den Betrieb und ihre Leistungsbereitschaft gestärkt werden. Viele Unternehmer hofften, so den Einfluss der Arbeiterbewegung auf die eigene Belegschaft zu begrenzen.

Alfred Krupp: Pionier der Eisen- und Stahlindustrie im Ruhrgebiet	**Ernst Abbe:** Inhaber der Optischen Werke Jena (später: Carl Zeiß)
• Gründung von Betriebskrankenkassen • Einführung einer Arbeiterpension in Form einer Rente • Wohnungsfürsorge: Errichtung und günstige Vermietung von Werkswohnungen (Wohnkolonien) • Aufbau einer Konsumanstalt zur günstigen Versorgung der Arbeiter	• Reduzierung der Arbeitszeit auf acht Stunden • Recht auf Urlaub • Schutz des Arbeitsplatzes • Pensionsanspruch im Falle von Alter, Krankheit, Dienstunfähigkeit und Tod • Gewinnbeteiligung der Arbeiter • Begrenzung der Einkommensunterschiede innerhalb der Belegschaft

Lösungsansatz 4: Kirchliche Ansätze

Auch die Kirchen reagierten auf die veränderte Sozialstruktur und die gesellschaftlichen Probleme, nachdem das Elend der Arbeiter anfangs mit deren Kirchenferne und sittlicher Verwahrlosung erklärt worden war. Zum einen versuchte die Kirche, den Staat zu einer arbeiterfreundlicheren Sozialpolitik zu bewegen. So forderte der Bischof von Mainz, Ketteler, sozialpolitische Maßnahmen wie die Reduzierung der Arbeitszeit, die Einschränkung der Frauen- und Kinderarbeit sowie Lohnsicherheit. Zum anderen entwickelte sich eine **kirchliche Sozialarbeit**.

Adolph Kolping (katholisch)	Johann Hinrich Wichern (evangelisch)
• Gründung von Gesellenvereinen zur Betreuung wandernder Handwerksgesellen ohne familiären Rückhalt • Gesellenhäuser als Herberge und Bildungsstätte • später: Organisation der Gesellenvereine im internationalen Kolpingwerk	• Gründung des „Rauhen Hauses" für verwahrloste Kinder • Initiative zur Gründung des Central-Ausschusses für Innere Mission • Aufbau von Einrichtungen der evangelischen Sozialarbeit (Kindergärten, Krankenpflege, Ausbildungsheime)

Lösungsansatz 5: Staatliche Sozialpolitik

Reichskanzler **Otto von Bismarck** reagierte mit weitreichenden politischen Maßnahmen auf die Wirkungslosigkeit der staatlichen Bekämpfung der Sozialdemokratie. Um die Identifikation der Arbeiter mit dem Staat zu stärken und sie gleichzeitig von der SPD fernzuhalten, wurde das weltweit erste **Sozialversicherungssystem** eingeführt:

1883	Gesetzliche Krankenversicherung	Versicherte und Unternehmer teilen sich Beiträge (zwei Drittel – ein Drittel)
1884	Unfallversicherung	Unternehmer zahlen Beiträge
1889	Alters- und Invaliditätsversicherung	Versicherte und Unternehmer teilen sich Beiträge zu gleichen Teilen; staatliche Zuschüsse

Mit diesen Gesetzen schuf Bismarck die Grundlagen des deutschen **Sozial- oder Wohlfahrtsstaates.** Die materielle Lage der Arbeiterschaft wurde dadurch zwar verbessert, der Einfluss der Sozialdemokratie konnte aber nicht eingedämmt werden.

3.4 Familiäre Lebenswelten und Geschlechterrollen in der Industriegesellschaft

Aufbau der Klassengesellschaft

Der rapide gesellschaftliche Wandel im Zuge der Industrialisierung führte im 19. Jahrhundert zur Beseitigung der Ständegesellschaft. Die Menschen fanden sich in neuen Gruppen, den **sozialen Klassen**, wieder. Diese formierten sich nicht mehr aufgrund der Geburt, sondern nach Merkmalen des Besitzes und der beruflichen Leistungsfähigkeit bzw. Qualifikation. Klassen definieren sich somit durch ihre ökonomische Position am Markt. Die neuen Klassen waren daher weniger stabil und wesentlich durchlässiger als die alten Stände, **sozialer Auf- und Abstieg** war leichter möglich.

Die soziale Schichtung der Industriegesellschaft im Kaiserreich

Oberschicht

Unternehmer — Gutsbesitzer

Beamte, Offiziere, Geistliche

freie Berufe, akademisches „Bildungsbürgertum", Angestellte, Handwerker, Kleinhändler

Mittelschicht (Mittelstand)

Bauern

Unterschicht (Arbeiterklasse)

Industriearbeiter, Handwerker, Heimarbeiter, Dienstboten

Landarbeiter, Gesinde

soziale Mobilität   **Stadt   Land**

Familiäre Lebenswelten

Kennzeichnend für den gesellschaftlichen Wandel im Industriezeitalter ist die zunehmende **Trennung von Lebens- und Arbeitsstätten**. Die **Familie als privater Raum**, in dem gefühlsmäßige Bindungen vorherrschten, erlangte einen neuen Stellenwert. Diese Idealvorstellung setzte sich im 19. Jahrhundert im gesamten Bürgertum durch und erlangte auch für Arbeiterfamilien Vorbildcharakter.

Die bürgerliche Familie

Der Idealvorstellung nach sollte die Ehe eine **Liebesheirat** sein und ein Bund zweier intellektuell gleichrangiger Partner. In der Praxis waren die Geschlechterrollen dennoch unterschiedlich, die bürgerliche Familie war auch weiterhin **patriarchalisch** geprägt.

Ehemann	Ehefrau
• Vertretung nach „außen"	• Verantwortung im „Inneren"
• Ernährer und Familienoberhaupt	• emotionaler Rückhalt
• Verfügungsgewalt über Kinder und Ehefrau	• Haushalt und Kindererziehung
	• meist deutlich jünger

Die Arbeiterfamilie

Dem bürgerlichen Familien- und Frauenbild konnte in der Arbeiterfamilie nur bei entsprechender materieller Sicherheit entsprochen werden. Daher setzte sich das patriarchalische Familienmodell erst ab Ende des 19. Jahrhunderts durch. Vorher unterschied sich die **Situation der Arbeiterklasse** deutlich von der des Bürgertums:

- relativ **frühe Heirat** nach dem Wegfall der Heiratsbeschränkungen
- rasche Durchsetzung der **modernen Kleinfamilie** aufgrund der beengten Wohnverhältnisse und materiellen Nöte
- **Berufstätigkeit der Ehefrau** (meist bis zur Geburt des ersten Kinds)
- **Doppelbelastung der Frauen** in Beruf und Haushalt

Die Ungleichbehandlung der Frau

Das bürgerlich-patriarchalische Familienmodell führte zur Festigung der **männlich dominierten Gesellschaft. Kennzeichen** waren

- die materielle und rechtliche Abhängigkeit der Frau vom Ehemann sowie die Benachteiligung im Scheidungsrecht,
- die Abwertung weiblicher Berufstätigkeit, eine schlechtere Entlohnung in Industrie und Gewerbe, die Reduzierung der Berufsmöglichkeiten der bürgerlichen Frauen auf wenige Berufe (z. B. Lehrerin),
- das fehlende Frauenwahlrecht und geringere Bildungschancen.

Die Frauenbewegung

Die um die Mitte des 19. Jahrhunderts einsetzende Frauenbewegung versuchte, die Stellung der Frau zu verbessern und ihre Rechte zu stärken. Traditionelle Geschlechtermodelle wurden nun infrage gestellt. Dabei kann man eine **bürgerliche** und eine proletarische oder **sozialistische Frauenbewegung** voneinander unterscheiden.

bürgerlich	proletarisch/sozialistisch
Louise Otto-Peters, Auguste Schmidt	*Clara Zetkin*
• Allgemeiner Deutscher Frauenverein	• Verbesserung der Arbeitsbedingungen für Frauen, Mutterschutz, rechtliche und finanzielle Gleichstellung mit männlichen Arbeitern
• Unterstützung für Arbeiterinnen und andere Frauen aus der Unterschicht	
• Verbesserung der Bildungs- und Berufschancen	• Frauenwahlrecht
• teilweise politische Forderungen (z. B. Frauenwahlrecht)	• revolutionäre Umgestaltung der Gesellschaft

Die Weimarer Republik – Demokratie ohne Demokraten?

1 Die Revolution von 1918/19

Angesichts der aussichtslosen militärischen Lage verlangte die **Oberste Heeresleitung** (OHL) um Hindenburg und Ludendorff im September 1918 von der Regierung, einen **sofortigen Waffenstillstand** zu schließen. Die OHL, die in Deutschland eine Art Militärdiktatur errichtet hatte, drang nun auf eine Parlamentarisierung des Reichs, um die Forderungen des **US-Präsidenten Wilson** („**14 Punkte**") zu erfüllen und eine Revolution wie in Russland 1917 zu verhindern. Zudem hofften die Militärs, die Verantwortung für die Niederlage auf die Politiker abwälzen zu können. Die Novemberrevolution verhinderte jedoch eine Umsetzung dieser parlamentarischen Regierungsform.

1.1 Ursachen und Verlauf der Revolution

Ursachen der Revolution von 1918/19

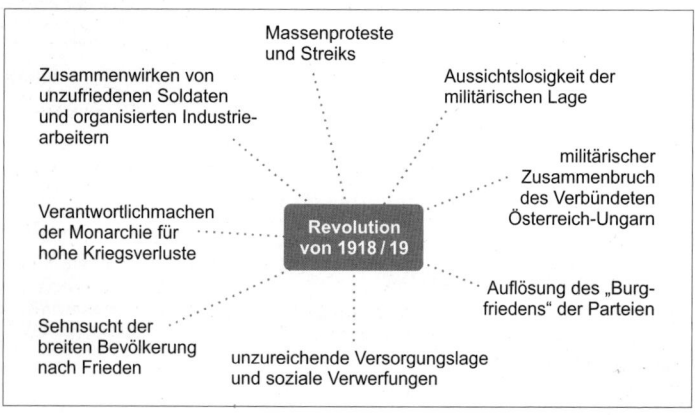

Massenproteste und Streiks

Zusammenwirken von unzufriedenen Soldaten und organisierten Industriearbeitern

Aussichtslosigkeit der militärischen Lage

militärischer Zusammenbruch des Verbündeten Österreich-Ungarn

Verantwortlichmachen der Monarchie für hohe Kriegsverluste

Revolution von 1918 / 19

Auflösung des „Burgfriedens" der Parteien

Sehnsucht der breiten Bevölkerung nach Frieden

unzureichende Versorgungslage und soziale Verwerfungen

Verlauf der Novemberrevolution

- Der **Aufstand** von Matrosen der deutschen Hochseeflotte in Kiel griff schnell auf andere Hafen- und Industriestädte über.
- **Arbeiter- und Soldatenräte** forderten ein sofortiges Kriegsende und die Abdankung des Kaisers.
- Am 9. November 1918 verkündete Reichskanzler Max von Baden die **Abdankung des Kaisers** und übertrug die Regierungsgewalt an Friedrich Ebert (MSPD).
- Die **Ausrufung der Republik** erfolgte zweimal: erst durch Philipp Scheidemann (SPD), später durch Karl Liebknecht (Spartakusbund).
- Jeweils drei Vertreter der gemäßigten Sozialdemokraten (MSPD) und der linken Sozialisten (USPD) bildeten eine **provisorische Regierung** („Rat der Volksbeauftragten") und schlossen am 11. November 1918 einen **Waffenstillstand**.

1.2 Die gespaltene Arbeiterbewegung

Innerhalb der Arbeiterbewegung gab es erhebliche Differenzen über die **Neugestaltung des Deutschen Reichs**. Diese Spaltung erwies sich während der gesamten Weimarer Zeit als Problem.

	gemäßigte Sozialdemokraten um Ebert (MSPD)	radikale Sozialisten (USPD, Spartakusbund)
Regierungsform	parlamentarische Demokratie	Räterepublik
Vorgehen	geordneter Übergang: Wahl einer Nationalversammlung durch alle Bürger	revolutionäre Umgestaltung: „Diktatur des Proletariats"
Repräsentanten	gewählte Abgeordnete im Parlament (freies Mandat)	alle Menschen, Delegierte in übergeordneten Räten (imperatives Mandat)
politische Willensbildung	• Interessengruppen und Parteien, Willensbildung im Parlament • Mehrheitsentscheidung und Minderheitenschutz	• permanente öffentliche Diskussion, Abstimmung • Übermittlung der Mehrheitsmeinung in den nächsthöheren Rat
Machtkontrolle	Gewaltenteilung, Opposition, freie Medien	Selbstkontrolle

Die Rolle des Militärs

Zur Verhinderung eines Bürgerkriegs entschloss sich Reichskanzler Ebert zur Zusammenarbeit mit dem Militär. Dieses **Bündnis mit den alten Eliten belastete den demokratischen Neuanfang** stark.

Entscheidung für das parlamentarische System

Auf dem Reichskongress der Arbeiter- und Soldatenräte entschied sich die Mehrheit für die Nationalversammlung und damit für das **parlamentarische System**. Mithilfe des Militärs konnte der Aufstand der radikalen Sozialisten („**Spartakus-Aufstand**") im Januar 1919 in Berlin durch paramilitärische Freikorps niedergeschlagen werden. Am 19. Januar fand schließlich die **Wahl zur Nationalversammlung** statt.

2 Die Weimarer Verfassung von 1919

Die Verfassung im Überblick

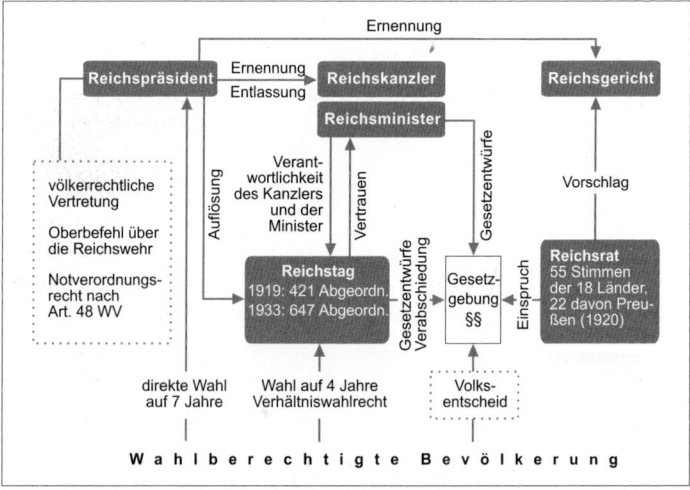

Wegen der Unruhen in Berlin trat die **verfassunggebende National-versammlung** am 6. Februar 1919 in Weimar zusammen. Die von ihr erarbeitete Verfassung setzte das Prinzip der Volkssouveränität an die Stelle des monarchischen Prinzips; sie trat am 11. August 1919 in Kraft. Die Weimarer Verfassung bot gegenüber der des Kaiserreichs zahlreiche demokratische Errungenschaften.

Demokratische Errungenschaften

* allgemeines Verhältniswahlrecht für Männer und Frauen
* Wahl des Reichspräsidenten direkt durch das Volk
* Volksbegehren und Volksentscheid als plebiszitäre Elemente
* parlamentarische Verantwortlichkeit der Regierung, Misstrauensvotum
* Katalog liberaler und sozialer Grundrechte

Strukturelle Schwächen der Reichsverfassung und ihre Folgen

Schwächen	Folgen
Fehlen einer Sperrklausel (Prozenthürde) für Kleinparteien im Wahlrecht	Zersplitterung des Reichstags, wechselnde Koalitionen und Regierungen
kein verfassungsrechtlicher Schutz gegen antidemokratische Parteien	Zerstörung der demokratischen Kultur durch antidemokratische Parteien (NSDAP, KPD)
Stärke des plebiszitären Elements	Schwächung des Reichstags
starke Stellung des Reichspräsidenten als „**Ersatzkaiser**"	Möglichkeit einer diktatorischen Alleinregierung durch die **Artikel 48** (Notverordnungsrecht) und **25** (Auflösung des Reichstags)
schwache Position der Reichsregierung	doppelte Abhängigkeit vom Vertrauen des Reichspräsidenten und des Reichstags („destruktives Misstrauensvotum")
fehlende Einklagbarkeit der Grundrechte	fehlender Schutz vor staatlicher Willkür
Reichsrat nur mit aufschiebendem Vetorecht bei Gesetzgebung, „Reichsrecht bricht Landesrecht"	Schwächung des föderalen Elements bzw. des ausgleichenden Einflusses der Einzelstaaten
fehlende positive Erwähnung der Parteien	Beitrag zum negativen Image der Parteien in der Öffentlichkeit

3 Der Vertrag von Versailles 1919

Die **Friedenskonferenz der 32 Siegerstaaten** des Ersten Weltkriegs trat am 18. Januar 1919 in Paris zusammen.

Die Interessen der Siegermächte

Frankreich	USA	Großbritannien
• Sicherheit durch dauerhafte Schwächung Deutschlands • Hegemonie in Europa • Stärkung Polens gegenüber Deutschland und Russland	• kollektive Friedenssicherung durch Einrichtung des Völkerbunds • Rückzahlung der an die Alliierten vergebenen Kriegskredite	• geringe Schwächung Deutschlands • „balance of power" gegen französische Hegemonie • Abwehr des expansiven Bolschewismus

3.1 Die Bestimmungen des Versailler Vertrags

Am 28. Juni 1919 musste eine deutsche Delegation folgende Friedensbestimmungen im **Spiegelsaal des Versailler Schlosses** unterzeichnen:

Gebietsabtretungen	z. B.: Verlust Elsass-Lothringens an Frankreich; Verlust von Gebieten in Pommern und Preußen an Polen
Entmilitarisierung	z. B.: Auslieferung des gesamten „schweren" Kriegsmaterials (Kriegsschiffe, Flugzeuge, Panzer usw.), Verkleinerung der Reichswehr auf 100 000 Mann
Reparationen	Entschädigungsleistungen an die Siegermächte: Sachleistungen (z. B.: Vieh, Kohle) und Geldzahlungen
Kriegsschuld	Feststellung der alleinigen Kriegsschuld Deutschlands in Artikel 231 zur Begründung der Reparationsforderungen

3.2 Die Reaktion der deutschen Öffentlichkeit

Die Vertragsbestimmungen und der Zwang zur ihrer Annahme ohne Verhandlung erzeugten bei den Deutschen ein kollektives Gefühl ungerechter Behandlung, das sich in Bezeichnungen wie **„Diktatfrieden"** oder **„Schandfrieden"** äußerte. Dabei wurde jedoch vernachlässigt, dass Deutschland im Kern erhalten geblieben war und dank seiner großen Bevölkerung und seiner Wirtschaftskraft gute Aussichten hatte, die alte Machtstellung zurückzuerlangen.

Der Versailler Vertrag als Diffamierungsparole

Der antidemokratischen Rechten bot der Vertrag aufgrund des allgemeinen Protests einen wirksamen Angriffspunkt gegen die demokratische Regierung, die für die Erfüllung der Vertragsbedingungen verantwortlich gemacht wurden („**Erfüllungspolitiker**"). Den Demokraten gelang es dagegen nicht, der Öffentlichkeit die Alternativlosigkeit der Vertragserfüllung zu vermitteln und klarzustellen, dass die alten Eliten für die Niederlage verantwortlich waren.

Propaganda der antidemokratischen Rechten

Mit den sog. **Zwillingslegenden** gelang es der antidemokratischen Rechten, das politische Klima der Republik zu vergiften:

- „**Kriegsunschuldlegende**": faktenwidrige Verleugnung der deutschen Schuld am Kriegsausbruch

- „**Dolchstoßlegende**": Verschwörungstheorie, nach der die deutsche Armee nicht durch den Gegner, sondern durch die revolutionären Ereignisse in der Heimat besiegt worden sei, die wie ein feiger Dolchstoß in den Rücken der tapfer kämpfenden Soldaten gewirkt hätten.

4 Zersplitterung von Gesellschaft und Parteienlandschaft

Die **Klassengesellschaft** des Kaiserreichs lebte in der Weimarer Republik fort. Es bestand ein ausgeprägtes **Klassenbewusstsein** mit gemeinsamen Wertvorstellungen und politischen Überzeugungen, durch die man sich gegenüber anderen Klassen abgrenzte. Die Folge war eine **Zersplitterung der Parteienlandschaft**, da die Parteien vor allem die Interessen ihrer Klassen vertraten (**Interessenparteien**). Zudem fehlte es den Parteipolitikern vielfach an Gestaltungswillen, Kompromissfähigkeit und Verständnis für die Bedeutung von Regierungsverantwortung. Stabile Regierungsmehrheiten waren so nur schwer möglich. Vielmehr kam es häufig zu **Koalitions- und Regierungswechseln**.

4.1 Das Parteienspektrum der Weimarer Republik

Aus den Wahlen zur Nationalversammlung am 19. Januar 1919 war die „**Weimarer Koalition**" als Sieger hervorgegangen. Viele Parteien standen der Demokratie dagegen distanziert oder ablehnend gegenüber.

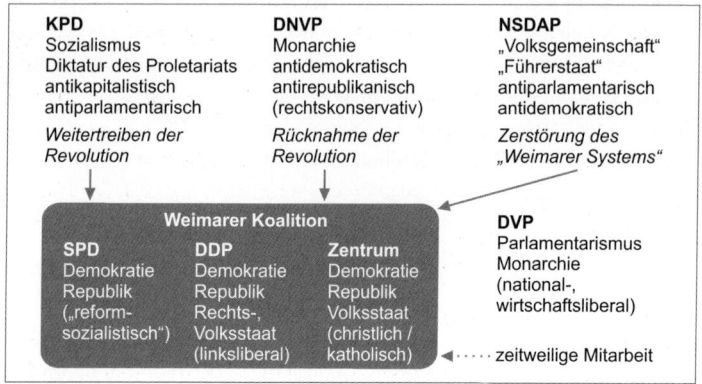

4.2 Die alten Eliten als Gegner der Republik

Die **republikfeindlichen Funktionseliten** des Kaiserreichs behielten meist ihre Positionen und blockierten die weitere Demokratisierung.

Rolle der alten Eliten in der Weimarer Republik

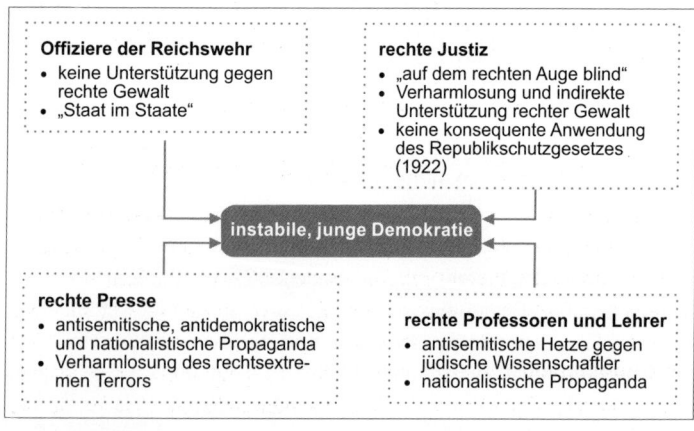

Der Hitler-Putsch 1923

Unter Führung von Adolf Hitler wurde die NSDAP in München zu einem bedeutenden Machtfaktor. Am 9. November 1923 versuchte Hitler mit seinen Anhängern, durch einen **Putsch** die Macht in Bayern an sich zu reißen und mit einem „Marsch auf Berlin" eine **Nationale Revolution** zu initiieren. Sein Demonstrationszug wurde aber mit Waffengewalt vor der Feldherrnhalle in München aufgelöst, wobei insgesamt 21 Menschen zu Tode kamen.

Der folgende Prozess gegen die Putschisten machte **Hitler** deutschlandweit bekannt. Hitler wurde lediglich zu fünf Jahren **Festungshaft** verurteilt, kam aber nach neun Monaten schon wieder frei. Nun begann er, die **NSDAP zu reorganisieren**, um die Macht mit einer neuen, scheinbar **legalen Taktik** zu gewinnen.

Die Wahl Hindenburgs zum Reichspräsidenten

Nach dem Tod des Sozialdemokraten Friedrich Ebert wurde 1925 der ehemalige kaiserliche Feldmarschall **Paul von Hindenburg** zum Reichspräsidenten gewählt. Diese Wahl war ein **Wendepunkt** in der Geschichte der Weimarer Republik. Denn die **alten, konservativen Eliten** erlangten damit die **zentrale Machtposition** der Republik.

5 Demokratie in der Krise: Die Weltwirtschaftskrise und ihre Folgen

5.1 Zusammenbruch der Weltwirtschaft nach 1929

Hohe Verschuldung der deutschen Wirtschaft im Ausland

Nach den Krisen der Anfangsjahre setzte 1924 eine **Phase der relativen Stabilität** der Weimarer Republik ein. Problematisch war jedoch, dass **ausländische Kredite** (v. a. aus den USA) Grundlage der wirtschaftlichen Prosperität waren. Denn auf dem deutschen Binnenmarkt herrschte wegen der Reparationszahlungen und der Inflation von 1923 ein **Kapitalmangel**. Banken und staatliche Institutionen waren deshalb von oft kurzfristigen ausländischen Krediten abhängig. Aufgrund der geringen Binnennachfrage musste die deutsche Industrie zudem stark auf den **Güterexport** setzen.

Zudem verschärfte sich die **Dauerkrise der deutschen Landwirtschaft**, die wegen fehlender Modernisierung international wenig konkurrenzfähig, hoch verschuldet und abhängig von Staatshilfen war.

Börsenkrach in den USA

Am 25. Oktober 1929, dem sog. **Black Friday**, platzte an der New Yorker Börse eine gewaltige **Spekulationsblase**. Damit fand der wirtschaftliche Boom der Nachkriegszeit ein abruptes Ende. Die US-Banken zogen daraufhin ihre kurzfristigen Kredite aus dem Ausland zurück, eine Schutzzollpolitik sollte Importe in die USA erschweren, um heimische Unternehmen zu schützen. Beide Maßnahmen sorgten dafür, dass die Krise aus den USA auf die Welt übergriff und zur **Weltwirtschaftskrise** wurde.

5.2 Innenpolitische Folgen der Weltwirtschaftskrise für Deutschland

Die Weltwirtschaftskrise destabilisierte die Weimarer Republik, weil es den Regierungen nicht gelang, die wirtschaftlichen Probleme und deren katastrophale soziale Auswirkungen zu entschärfen. Diese Entwicklung führte bei großen Teilen der Bevölkerung zu einem **Legitimationsverlust der Demokratie**. Von der Radikalisierung der Wähler profitierten vor allem die **Nationalsozialisten** und die **Kommunisten**.

Die Präsidialkabinette (1930–1933)

Der Stimmenzuwachs der antidemokratischen Parteien verhinderte seit 1930 eine parlamentarische Mehrheitsbildung. In dieser Lage wurde Präsident Hindenburg aufgrund seiner starken verfassungsmäßigen Stellung zum entscheidenden Faktor. Er setzte von seinem Vertrauen abhängige Reichskanzler und **Minderheitenregierungen** ein, was zu einem **Bedeutungsverlust des Parlaments** führte. Als großes Problem erwies sich, dass Hindenburg immer stärker unter den Einfluss antidemokratischer Berater aus dem Kreis der alten Eliten geriet, von denen er zum Übergang zur **autoritären Präsidialherrschaft** gedrängt wurde.

Phasen der Präsidialkabinette

Zeitraum	Kennzeichen	Regierung	Maßnahmen/Folgen
1930–1932	gemäßigte Phase; Tolerierung durch die SPD	Heinrich Brüning	krisenverschärfende Deflationspolitik: Kürzung von Ausgaben, Erhöhung von Steuern
1932/1933	autoritäre, antiparlamentarische Phase	• Franz von Papen • Kurt von Schleicher	• Absetzung der demokratischen Regierung in Preußen • Neuwahlen: NSDAP als stärkste Partei

Mechanismus der Präsidialkabinette

Reichskanzlerschaft Hitlers

Nach den **NSDAP-Erfolgen** bei den Wahlen zum Reichstag im Juli 1932 forderte Hitler von Hindenburg vergeblich die Kanzlerschaft. Stattdessen erfolgten Neuwahlen im November, die die NSDAP trotz ihrer Stimmverluste als stärkste Partei bestätigten.

Am 30. Januar 1933 vereidigte Hindenburg Adolf Hitler als Reichskanzler einer aus der NSDAP, der DNVP und parteilosen Konservativen bestehenden Regierung. Von dieser Koalition erhoffte man sich die **„Zähmung" Hitlers**. Im Bund mit den Rechtsradikalen sahen die alten Eliten um Hindenburg die Chance, ihre politischen Vorstellungen umzusetzen.

Zusammenfassung: Innenpolitische Folgen der Weltwirtschaftskrise für Deutschland

Weltwirtschaftskrise

wirtschaftliche Folgen
- Rückgang der Exporte
- sinkende Binnennachfrage
- Bankenzusammenbrüche
- Geldverknappung
- Sparmaßnahmen und Entlassungen
- sinkende Industrieproduktion

soziale Folgen
- Rekordarbeitslosigkeit
- Überlastung der Sozialsysteme
- Massenelend
- Radikalisierung der Bevölkerung (steigende Anfälligkeit für radikale Lösungen)

politische Folgen
- 1930: Auseinanderbrechen der letzten demokratischen Regierung
- 1930: Aufstieg der NSDAP zur stärksten Partei bei den Wahlen
- wachsende Bedeutung des Demagogen Adolf Hitler
- ab 1932: „negative Mehrheit" der antidemokratischen Parteien NSDAP und KPD
- Marginalisierung der liberal-bürgerlichen Parteien DDP und DVP
- Lähmung des Parlaments
- Unruhen und Straßenkämpfe
- Minderheitsregierungen („Präsidialkabinette")

6 Gründe für das Scheitern der Weimarer Republik

Das Scheitern der Weimarer Republik führte unmittelbar in die nationalsozialistische Diktatur und damit in die größte Katastrophe der deutschen Geschichte. Vor diesem Hintergrund erhält die Frage nach den Ursachen für dieses Scheitern eine besondere Bedeutung. Das folgende Schaubild zeigt, dass die Auflösung der Weimarer Republik **multikausal** erklärt werden muss.

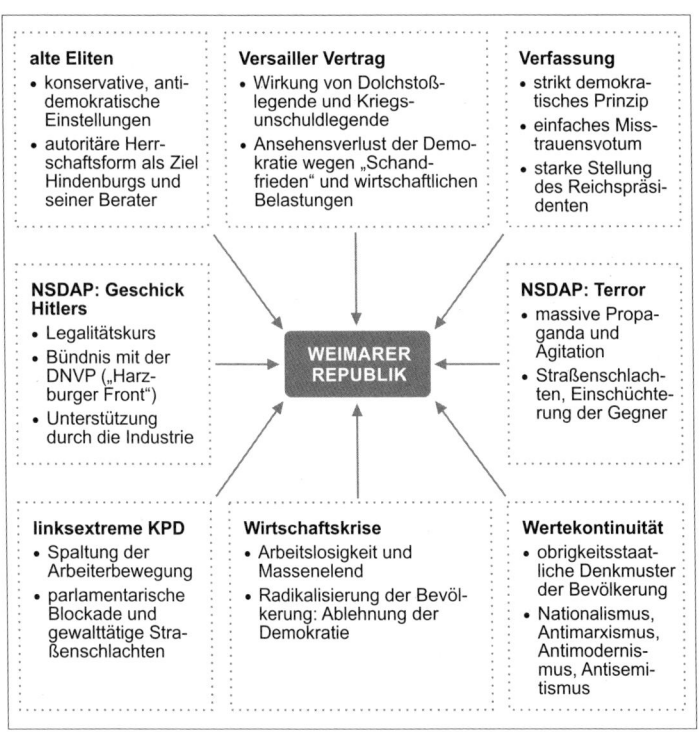

alte Eliten
- konservative, antidemokratische Einstellungen
- autoritäre Herrschaftsform als Ziel Hindenburgs und seiner Berater

Versailler Vertrag
- Wirkung von Dolchstoßlegende und Kriegsunschuldlegende
- Ansehensverlust der Demokratie wegen „Schandfrieden" und wirtschaftlichen Belastungen

Verfassung
- strikt demokratisches Prinzip
- einfaches Misstrauensvotum
- starke Stellung des Reichspräsidenten

NSDAP: Geschick Hitlers
- Legalitätskurs
- Bündnis mit der DNVP („Harzburger Front")
- Unterstützung durch die Industrie

WEIMARER REPUBLIK

NSDAP: Terror
- massive Propaganda und Agitation
- Straßenschlachten, Einschüchterung der Gegner

linksextreme KPD
- Spaltung der Arbeiterbewegung
- parlamentarische Blockade und gewalttätige Straßenschlachten

Wirtschaftskrise
- Arbeitslosigkeit und Massenelend
- Radikalisierung der Bevölkerung: Ablehnung der Demokratie

Wertekontinuität
- obrigkeitsstaatliche Denkmuster der Bevölkerung
- Nationalismus, Antimarxismus, Antimodernismus, Antisemitismus

Hitlers „willige Volksgenossen"? – Die Deutschen und der Holocaust

Die **NS-Zeit** begann mit der Ernennung Adolf Hitlers zum Reichskanzler am 30. Januar 1933 und endete mit der bedingungslosen Kapitulation Deutschlands am 8. Mai 1945.

1 Die Situation der deutschen Juden vor 1933

Der Anteil der Juden an der deutschen Gesamtbevölkerung machte mit ca. 500 000 Menschen weniger als ein Prozent der Bevölkerung aus.

Die Juden als integrierte Gesellschaftsgruppe

Die mit der Aufklärung einsetzende **Judenemanzipation** wollte die rechtliche, religiöse und soziale Diskriminierung der deutschen Juden beseitigen. Die Reichsverfassung von 1871 vollendete die **rechtliche Gleichstellung der Juden** im ganzen Reich, was die **soziale Integration** erleichterte. Die Weimarer Verfassung von 1919 verbot die Diskriminierung der Juden im öffentlichen Dienst und bestätigte die Unabhängigkeit der bürgerlichen Rechte vom religiösen Bekenntnis.

Die Juden als erfolgreiche Bevölkerungsgruppe

Ausgangslage
- hoher Stellenwert aufgeklärter Bildung („Bildungselite")
- kaufmännische Erfahrungen aufgrund früherer Berufseinschränkungen

↓

Folge
Überrepräsentation der Juden in Handel und Industrie (z. B. als Unternehmer), im öffentlichen Dienst sowie in freien Berufen (z. B. Arzt, Anwalt, Künstler)

Die Einwanderung von Juden aus Osteuropa

Seit dem 19. Jahrhundert waren **jüdische Handwerker und Industrie-arbeiter aus Osteuropa** in die deutschen Industriezentren (z. B. Berlin) eingewandert. Die traditionelle Lebensweise und die kulturelle Prägung dieser vielfach **orthodoxen** (streng gläubigen) **Juden** stießen bei der alteingesessenen jüdischen Bevölkerung auf Ablehnung.

Antisemitismus als Neidreaktion

Der große wirtschaftliche Erfolg der Juden, ihre Rolle als **Mäzene** (Unterstützer) **des kulturellen Lebens**, ihr **Interesse an Wissenschaft, Kultur und Bildung** legen es einerseits nahe, den Antisemitismus als Neidreaktion zu deuten. Andererseits richteten sich starke Vorurteile gegen die „Ostjuden". In Bezug auf die osteuropäischen Juden ausgebildete **Stereotype** (Klischees) wurden von den Antisemiten auf alle deutschen Juden übertragen.

2 Die Beseitigung der Demokratie durch Hitler und der Aufbau der NS-Diktatur

Hitlers Amtsantritt als Reichskanzler am 30. Januar 1933 wurde von der NS-Propaganda zur „**Machtübernahme**" stilisiert, allerdings war Hitler anfangs nur Kanzler eines Präsidialkabinetts ohne parlamentarische Mehrheit.

2.1 Die Zerschlagung des Rechtsstaats nach dem Reichstagsbrand vom 27. Februar 1933

Nach dem Regierungsantritt ließ Hitler den Reichstag auflösen und **Neuwahlen** für den 5. März 1933 ausschreiben; er hoffte, für die NSDAP die absolute Mehrheit zu erreichen. Dabei bedienten sich die Nationalsozialisten einer massiven **Propaganda**, um die Bevölkerung zu beeinflussen. Außerdem wurden politische Gegner mit offenem **Terror** eingeschüchtert.

Als am 27. Februar 1933 der **Reichstag in Brand** gesetzt wurde, stellten die Nationalsozialisten dies tatsachenwidrig als Beginn eines kommunistischen Umsturzversuchs dar. Damit wurde die Verhaftung vieler Kommunisten gerechtfertigt, v. a. aber die **Notverordnung „zum Schutz von Volk und Staat"**. Diese setzte wesentliche Grundrechte der Weimarer Reichsverfassung wie die Freiheit der Person oder die Meinungs- und Versammlungsfreiheit (einschließlich der Pressefreiheit) außer Kraft. Weiterhin sollte die Reichsregierung in die Belange der Länderregierungen eingreifen dürfen. Trotz dieser Maßnahmen erreichten die Nationalsozialisten nicht die erhoffte absolute Mehrheit.

2.2 Das Ermächtigungsgesetz vom 23. März 1933 als Grundlage der NS-Diktatur

Das Ermächtigungsgesetz erlaubte es der Regierung, Gesetze auch ohne die Zustimmung von Reichstag und Reichsrat zu erlassen. Dies bedeutete die **Aufhebung der Gewaltenteilung** und bildete die Grundlage für die NS-Diktatur. Die nötige Zweidrittelmehrheit kam zustande, weil die bürgerlichen Parteien vor dem Druck der NSDAP kapitulierten, die KPD-Abgeordneten verhaftet worden oder geflohen waren. Die SPD, die gegen das Gesetz gestimmt hatte, wurde am 22. Juni 1933 verboten, die bürgerlichen Parteien lösten sich selbst auf. Das **Gesetz „gegen die Neubildung von Parteien"** (14. Juli 1933) verwandelte Deutschland schließlich in einen **Einparteienstaat**.

2.3 Die „Gleichschaltung"

Der Propagandabegriff „Gleichschaltung" verschleiert die Aufhebung der politischen und gesellschaftlichen Vielfalt in Deutschland. Er steht für die **Durchdringung aller Lebensbereiche** durch die NSDAP. Beispiele hierfür sind:
- die Abschaffung des Parteienpluralismus
- die Beseitigung des Föderalismus
- die politische Säuberung der Verwaltung
- der Aufbau eines parteigesteuerten Organisationsnetzes zur Erfassung aller sozialer Gruppen
- Kontrolle der Massenmedien (Rundfunk, Presse)

3 Das Konzept der „Volksgemeinschaft"

Der Begriff „Volksgemeinschaft" war für die Nationalsozialisten ein wirksames Propagandamittel zur Ansprache der Unzufriedenen, zur Festigung ihrer Macht sowie zur Vorbereitung der Angriffskriege und der „Rasse"-Politik.

Mitglieder der „Volksgemeinschaft" und Ausgestoßene

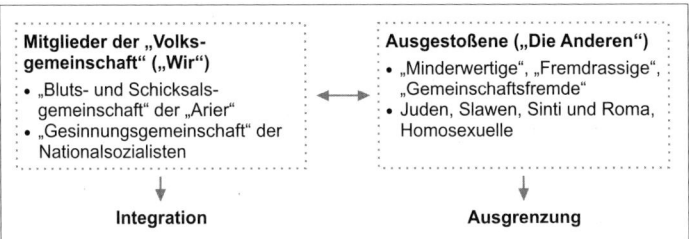

Mitglieder der „Volksgemeinschaft" („Wir")
- „Bluts- und Schicksalsgemeinschaft" der „Arier"
- „Gesinnungsgemeinschaft" der Nationalsozialisten

Ausgestoßene („Die Anderen")
- „Minderwertige", „Fremdrassige", „Gemeinschaftsfremde"
- Juden, Slawen, Sinti und Roma, Homosexuelle

Integration

Ausgrenzung

3.1 Der Nationalsozialismus als politische Religion

Die Anfänge der „Volksgemeinschaft" führte die NS-Propaganda bis auf die Germanen zurück, in deren Stammesgesellschaften es keine sozialen Gegensätze gegeben habe. Diesem Mythos zufolge war es Aufgabe der Nationalsozialisten, die innere Spaltung des deutschen Volks zu überwinden und es zu alter Größe zurückzuführen. Dabei wurde Hitler zum vom Schicksal gesandten „**Erlöser**" stilisiert, der die Deutschen in das „Dritte Reich" führen werde. Deswegen wird der Nationalsozialismus auch als „**politische Erlösungsreligion**" bezeichnet.

Aufhebung der Standes- und Klassengegensätze?

In der **NS-Propaganda** stand die „Volksgemeinschaft" für die **Überwindung aller politischen und sozialen Gegensätze** der Weimarer Republik. Alle Unterschiede in Herkunft, Beruf, Vermögen und Bildung sollten aufgehoben werden. Dies diente der Aufwertung der Arbeiter und Angestellten, die auf diese Weise für den Nationalsozialismus begeistert werden sollten. Faktisch bevorzugten die Nationalsozialisten eine streng hierarchische Struktur der Gesellschaft.

3.2 Das Führerprinzip

„Führer befiehl, wir folgen!" – Auf diese Formel lässt sich das Verhältnis zwischen Hitler und seiner Gefolgschaft bringen. Der Einzelne musste seine Interessen denen der Gemeinschaft, des Staates und der Partei unterordnen, unbedingter **Gehorsam war Pflicht**. **Hitlers Machtanspruch** war **absolut** und gegen demokratische Errungenschaften wie Gewaltenteilung, Mehrheitsentscheidung, Mitbestimmung und Opposition gerichtet (**Antiparlamentarismus**).

4 Inszenierte Lebenswirklichkeiten im NS-Staat

Die Nationalsozialisten entwickelten zahlreiche **Identifikationsangebote**, um die Ideologie der „Volksgemeinschaft" mit Leben zu füllen und die eigene Machtstellung zu stärken.

4.1 Führermythos und „Führerkult"

Kern der NS-Propaganda war der **Mythos des unfehlbaren Führers**. Dieser traf die Erwartungen und Sehnsüchte vieler Deutscher, die nach Jahren der politischen und sozialen Krise auf einen Retter aus der persönlichen wie nationalen Not hofften.

Der starke **Rückgang der Arbeitslosigkeit** in den 1930er-Jahren steigerte Hitlers Ansehen in der Bevölkerung ebenso wie seine Bestrebungen zur **Revision des Versailler Vertrags** und seine anfänglichen militärischen Siege.

Im Rahmen eines „**Führerkultes**" wurde Hitler auf Großveranstaltungen wie den Reichsparteitagen in Nürnberg als **quasi-religiöse Führungsgestalt** inszeniert. Gleichzeitig wurde er als einfacher, bedürfnisloser Mann aus dem Volk dargestellt, in dessen Dienst er sich aufopferte. Im Alltag war er omnipräsent: **Hitlerbilder** hingen in Ämtern und Schulen; „Heil Hitler" wurde zur offiziellen Begrüßungsformel.

4.2 Nationalsozialistische Durchdringung der Gesellschaft

Die Nationalsozialisten beschränkten sich nicht auf die Kontrolle der politischen Machtpositionen, sondern versuchten, jeden Bürger in die „Volksgemeinschaft" einzubinden, propagandistisch zu beeinflussen und durch Mitarbeit in NS-Organisationen verfügbar zu machen.

Zivile NS-Organisationen

Reichsarbeits-dienst (RAD)	Verpflichtung arbeitsfähiger Männer, später auch Frauen, zu sechsmonatigen Hilfsdiensten
Hitlerjugend, Bund Deutscher Mädel	NS-Organisationen für Jugendliche, da diese als besonders leicht beeinflussbar galten
Deutsche Arbeits-front (DAF)	Zwangsvereinigung der Arbeitnehmerverbände: Verlust der Mitbestimmungsrechte, aber Ausbau der Sozialleistungen
Kraft durch Freude (KdF)	Freizeitorganisation der DAF (Reisen, Theater- und Kinoabende), günstiges Auto für Arbeitnehmer

Beispiele: Vereinnahmung und Verführung durch den NS-Staat

- Unterstützung der NS-Politik durch **konservative und bürgerliche Eliten** aufgrund gemeinsamer Vorstellungen (z. B. Nationalismus, Ablehnung der Demokratie, Antisemitismus)

- Karrierechancen für **Akademiker und Militärs** durch Ausschaltung der Juden in Hochschulen und Verwaltung sowie der Vergrößerung des Offizierskorps infolge der Aufrüstungspolitik

- materielle und propagandistische Aufwertung der **Arbeiterschaft**, z. B. durch Rückgang der Arbeitslosigkeit und postulierte Integration der Arbeiter in die „Volksgemeinschaft"

- materielle Vorteile für **Unternehmer, Bankiers und viele Bürger** durch Ausplünderung der deutschen und europäischen Juden (z. B. durch die „Arisierung")

- Aufrechterhaltung der **Versorgung der deutschen Bevölkerung** im Krieg durch Ausbeutung der besetzten Länder

5 Traditioneller Antisemitismus und NS-Antisemitismus

Der Begriff „Antisemitismus" bezeichnet heute alle historischen und gegenwärtigen Erscheinungsformen der **Judenfeindschaft**, entstand aber erst im späten 19. Jahrhundert. Anders als im Mittelalter und in der Frühen Neuzeit wurden Juden nun nicht mehr über ihre Religion definiert, sondern als „minderwertige Rasse". Diese **Ideologie** bildete die Grundlage für die Ausgrenzung, Vertreibung und Vernichtung der jüdischen Minderheit im Nationalsozialismus.

5.1 Die Entwicklung des Antisemitismus

seit dem ausgehenden 19. Jahrhundert	• Andauern des **ökonomischen Antisemitismus** als Reaktion auf Emanzipation und wirtschaftlichen Erfolg der Juden • **rassisch motivierter Antisemitismus** auf Basis eines pseudowissenschaftlichen Sozialdarwinismus und Rassismus: Bild des „hässlichen Juden" • **politischer Antisemitismus**: antisemitische Parteien/Verbände
Weimarer Republik	wirkungsvolle **antijüdische Propaganda**, z. B. • Diffamierung als „Drückeberger" und „Kriegsgewinnler" • Hetze gegen die Weimarer Republik („Judenrepublik") • Gewalt gegen Juden: Ermordung des Außenministers Rathenau

5.2 Die Grundlagen des NS-Antisemitismus

Die Nationalsozialisten radikalisierten die vorhandenen antisemitischen Vorstellungen und formten daraus eine menschenverachtende Ideologie. Dabei stützten sie sich auf **pseudowissenschaftliche Theorien**.

Rassismus	Sozialdarwinismus
Einteilung der Menschheit in höher- und minderwertige Rassen	Anwendung der Evolutionstheorie Darwins auf den Menschen
• „arische Rasse" als Herrscherrasse mit den Deutschen als „Herrenvolk" • jüdische „Rasse" als „Volksschädlinge"	• unhaltbare Übertragung der Evolutionstheorie zur natürlichen Auslese der Arten auf den Menschen • angebliches „Recht des Stärkeren"
propagandistische Aufwertung der Deutschen zu „Ariern" in Zeiten der politischen und wirtschaftlichen Krise	Legitimation radikaler Maßnahmen gegen Juden, später auch des Eroberungskriegs („Blut-und-Boden"-Ideologie)

Elemente des NS-Antisemitismus

- angebliche Verantwortlichkeit des „internationalen Judentums" für alles, was die Nationalsozialisten ablehnten (z. B. Liberalismus, Parlamentarismus)
- Glaube an eine „**jüdische Weltverschwörung**" mit dem Ziel einer revolutionären Durchsetzung des Marxismus
- Kampf gegen das „parasitäre Volk" der Juden und Reinerhaltung der „arischen Rasse"

6 Die NS-Politik gegen die deutschen Juden

Die Kehrseite der Idealisierung der „Volksgemeinschaft" bildete die **Ausgrenzung** von angeblich „minderwertigen" Bevölkerungsgruppen wie Juden, Behinderten sowie Sinti und Roma („Zigeuner").

6.1 Boykott und Diskriminierung

Maßnahme	Definition	Vorgehen der Nationalsozialisten
Boykott	Ausschluss einer Personengruppe vom Geschäftsverkehr als Ausdruck einer kollektiven Verweigerung	Ausrufung eines reichsweiten Boykotts gegen jüdische Kaufleute, Ärzte und Rechtsanwälte (1. April 1933)
Diskriminierung	gruppenspezifische Benachteiligung oder Herabwürdigung	**„Arierparagraph"**: Berufsverbote für jüdische Rechtsanwälte, Ärzte und Künstler; Entlassung jüdischer Beamter (z. B. Lehrer, Richter) aus dem Staatsdienst

6.2 Entrechtung der Juden

Die „**Nürnberger Gesetze**" (1935) hatten die Funktion, eine pseudolegitime Rechtsgrundlage für die Judenverfolgung zu schaffen und damit deren Akzeptanz bei der Bevölkerung zu erhöhen.

Gesetz	Inhalte
„Reichsbürger-gesetz"	Ausschluss der Juden aus der Rechtsgemeinschaft des „deutschen Volks", Juden als „Staatsangehörige" ohne die vollen politischen Rechte der „Reichsbürger"
„Gesetz zum Schutze des deutschen Blutes und der deutschen Ehre"	Verbot von „rassischen Mischehen" und außerehelichem Geschlechtsverkehr zwischen Juden und Nichtjuden („Rassenschande") und Verbot der Beschäftigung von „Arierinnen" unter 45 Jahren in jüdischen Haushalten

6.3 Der Novemberpogrom (9. November 1938)

Unter einem **Pogrom** versteht man eine gewaltsame Ausschreitung gegen eine bestimmte Bevölkerungsgruppe, z. B. gegen eine religiöse Minderheit. Bei dem Pogrom gegen die deutschen Juden am 9./10. November, das verharmlosend als „**Reichskristallnacht**" bezeichnet wurde, wurden deutschlandweit Synagogen sowie jüdische Geschäfts- und Wohnhäuser zerstört. Juden wurden misshandelt, verhaftet und ermordet. Für die Schäden mussten die Juden selbst aufkommen.

Enteignung der Juden („Arisierung")

Im Gefolge des Novemberpogroms kam es zur entschädigungslosen „**Zwangsarisierung**" aller bis dahin verbliebenen jüdischen Geschäfte und Unternehmen sowie aller Wertpapierbestände und allen Grundbesitzes. Dies bedeutete die **Ausgrenzung der Juden aus dem Wirtschaftsleben** und den wirtschaftlichen Ruin der jüdischen Besitzer. Die „Arisierung" war de facto eine gewaltige **Umverteilung zugunsten der nichtjüdischen Konkurrenz**.

6.4 Emigration und Exil deutscher Juden

1941 wurde ein offizielles **Ausreiseverbot für Juden** erlassen. Bis dahin hatten aufgrund der oben genannten Maßnahmen ca. 60 % der Juden Deutschland verlassen. Die anderen waren geblieben, z. B. weil die Ausreisebestimmungen hart waren (Verlust von Besitz und Vermögen), die Auswanderung nicht durch ausländische Freunde oder Verwandte finanziert werden konnte oder weil sie auf eine Verbesserung der Lage in Deutschland hofften.

7 Der Holocaust

Die Eroberung Polens (1939) und weiter Teile der Sowjetunion (ab 1941) ermöglichten den Nationalsozialisten die Vernichtung von ca. 6 Millionen europäischer Juden.

7.1 Grundlagen: Holocaust, Shoa, Völkermord

Der Begriff „**Holocaust**" wurde als Bezeichnung für den Massenmord an den europäischen Juden geprägt und lehnt sich an das griechische Wort für „Brandopfer" an. Von den Juden selbst wird der hebräische Begriff „**Shoa**" („großes Unheil", „Katastrophe") bevorzugt, da er die Juden weniger in eine Opferrolle drängt. Die vorsätzliche Ermordung bzw. Vernichtung von religiös, ethnisch oder „rassisch" bestimmten Bevölkerungsgruppen bezeichnet man als **Völkermord**.

Der Holocaust als einzigartiges Verbrechen

Der Holocaust wird als „**Zivilisationsbruch**" bzw. als größtes Verbrechen der Menschheitsgeschichte bewertet. Aus folgenden Gründen spricht man von seiner Einzigartigkeit bzw. **Singularität:**
- Antisemitismus und Rassenideologie als Staatsdoktrin
- Umsetzung des Völkermords mit allen staatlichen Machtmitteln
- systematischer Charakter der Verfolgung und Ermordung
- absichtliche Ausrottung der jüdischen Minderheit in Europa ohne Ansehen von Alter, Geschlecht oder Herkunft
- unfassbare Dimension des Verbrechens: sechs Millionen Opfer
- Erschütterung bzw. Verneinung der Fundamente unserer Zivilisation (z. B. Vernunft, Vertrauen, Mitleid)

Weitere Opfergruppen

Weitere, aus rassistischen Motiven ermordete Personengruppen:
- ca. 500 000 Sinti und Roma („Zigeuner")
- 2 bis 3 Millionen polnische und ebenso viele russische Zivilisten, zudem 3,3 Millionen russische Kriegsgefangene
- ca. 100 000 geistig behinderte Deutsche („**Euthanasieaktion**")

7.2 Erste Massenmorde und Gettoisierung, Pläne zur „territorialen Endlösung"

Nach dem Sieg über Polen (1939) setzten in den eroberten Gebieten die Gewalttaten von **SS-Einsatzgruppen** ein. Polnische Juden, aber auch weitere Angehörige der polnischen Elite und Intelligenz wurden umgebracht. Aus vielen bis dahin eroberten Gebieten wurden Juden in hermetisch abgeriegelte Stadtteile („**Gettos**") des neu gebildeten „Generalgouvernement Polen" deportiert, wo sie unter katastrophalen Bedingungen leben mussten.

Verschiedene Pläne einer „**territorialen Endlösung**" wurden ausgearbeitet. Dazu sollten „**Judenreservate**" in der ostpolnischen Stadt Lublin, auf Madagaskar oder in der Sowjetunion eingerichtet werden. Ein Grundgedanke dieser Pläne war, dass viele Juden schon auf dem Weg umkommen sollten, ein anderer Teil sollte den klimatischen Bedingungen zum Opfer fallen.

Der „Rassen- und Vernichtungskrieg" gegen die Sowjetunion

Der Krieg gegen die Sowjetunion ab Juni 1941 sollte „**Lebensraum im Osten**" bringen und gleichzeitig den „jüdischen Bolschewismus" vernichten. Hinter der vorrückenden Wehrmacht operierten Einsatzgruppen der SS, die zusammen mit Helfern (Wehrmacht, einheimische Kollaborateure, Reserve-Polizeibataillone) jüdische und russische Zivilisten umbrachten.

7.3 Die „Endlösung der Judenfrage"

Diese **verharmlosende Formulierung** stand für die Vernichtung aller im deutschen Machtbereich lebenden Juden. Wann und wie genau die Entscheidung dafür fiel, ist unklar. Die große Zahl an Juden, die sich spätestens mit dem Russlandfeldzug im deutschen Machtbereich befanden und die Probleme, die sich im Zusammenhang mit der Gettoisierung der Juden ergaben, erhöhte innerhalb der NS-Führung die Bereitschaft für noch radikalere Maßnahmen. Zeichen hierfür waren:

- das Ausreiseverbot für die verbliebenen deutschen Juden und ihre Deportation nach Osten,
- die Pflicht, einen Judenstern zu tragen,
- die Inbetriebnahme des ersten Vernichtungslagers in Belzec bei Lublin und
- die „**Wannsee-Konferenz**" im Januar 1942, auf der die Organisation der „Endlösung der Judenfrage" koordiniert wurde.

Der systematische Massenmord in den Vernichtungslagern

In den Vernichtungslagern Auschwitz-Birkenau, Chelmno, Belzec, Sobibór, Treblinka und Majdanek wurden im Verlauf des Jahres 1942 **Gaskammern** eingesetzt, in denen Juden und andere Opfergruppen erstickt wurden. In Auschwitz-Birkenau kam es in den angegliederten deutschen Fabriken zur „**Vernichtung durch Arbeit**" infolge extrem harter Zwangsarbeitsbedingungen und mangelnder Versorgung. In Auschwitz starben zudem tausende Insassen aufgrund von **menschenverachtenden medizinischen Versuchen**.

Aus den von Deutschland besetzten und mit Deutschland verbündeten Staaten wurden **Juden in die Vernichtungslager deportiert**, die sich im Generalgouvernement Polen oder in dem an Deutschland angegliederten Teil Polens befanden. In einigen Lagern wurden gleich nach der Ankunft nahezu alle Menschen vergast, in Auschwitz-Birkenau fand eine „**Selektion**" statt, bei der in Arbeitsfähige und Nichtarbeitsfähige aufgeteilt wurden. Frauen und Kinder, Alte und Kranke wurden sofort vergast. Ihre Leichname wurden industriell verwertet.

Mit dem Vorrücken der Roten Armee wurden die Vernichtungslager weitgehend zerstört. Die überlebenden KZ-Insassen wurden auf „**Todesmärschen**" in den Westen gebracht, bei denen unzählige Menschen vor Erschöpfung starben oder ermordet wurden. Insgesamt kamen in den Vernichtungslagern ca. 2 Millionen Menschen ums Leben.

7.4 Erklärungsansätze für den Holocaust

Die Frage nach den Ursachen für dieses einzigartige Verbrechen lässt sich nur **multikausal** beantworten. **Wichtige Faktoren** waren:

- der radikale Antisemitismus Hitlers und seiner engen Gefolgschaft,

- organisatorische Sachzwänge bei der Umsetzung der „Lebensraumpolitik", die Hitler im Osten mithilfe von gigantischen Bevölkerungstransfers umsetzen wollte,

- Brutalität und Amoralität der NS-Funktionäre und -Amtsinhaber in den besetzten Gebieten, die miteinander konkurrierend immer radikalere Mordpläne entwarfen,

- zusätzliche Motivation der NS-Führung durch den fehlenden Widerstand der Bevölkerung und des Militärs sowie

- Völkermord als „Raubmord": Mitfinanzierung des Kriegs und Sicherung der Versorgung der Deutschen durch Ausbeutung der besetzten Länder, Enteignung und Ermordung der Juden.

8 Judenverfolgung und Holocaust in der deutschen Öffentlichkeit

Fehlender Widerstand

Hilfe für die jüdischen Mitbürger wurde nur in Einzelfällen geleistet, ebenso selten blieben öffentliche Proteste gegen die Maßnahmen der NS-Politik. Eine geschlossene Widerstandsbewegung entwickelte sich nicht, während mit der wachsenden Popularität Hitlers die Zustimmung zur NS-Judenpolitik wuchs.

Der „Davon haben wir nichts gewusst"-Mythos

Viele Deutsche gaben nach dem Krieg an, nichts von Judenverfolgung und Holocaust gewusst zu haben. Gegen diesen Mythos sprechen folgende Aspekte:

- Ausgrenzung, Entrechtung, Pogrome sowie Vertreibung und Deportation der Juden fanden in aller Öffentlichkeit statt.

- Die NS-Propaganda warb für die Verfolgung der Juden.
- Soldaten auf Heimaturlaub berichteten von den Mordaktionen im Osten.
- Über Beteiligte sowie alliierte Flugblätter und Rundfunksendungen sickerten Meldungen über die Vernichtungslager durch.
- Die NS-Propaganda tat diese Meldungen zwar als Lügen ab, erklärte aber die Judenvernichtung offiziell zum Kriegsziel.

Der Holocaust als „offenes Geheimnis"

Die deutsche Bevölkerung wusste mehr oder minder genau über den Holocaust Bescheid. Historiker sprechen von einem „offenes Geheimnis", das im kollektiven Bewusstsein der Deutschen gegenwärtig war. Dieser **Verdrängungsprozess** lässt sich als **Schutzreflex** deuten, um sich der Übernahme von Verantwortung zu entziehen. Die sich verschlechternde militärische Situation sorgte nämlich dafür, dass die Angst vor Rache und Strafe wuchs. Darauf baute die NS-Führung, die versuchte, Regierung und Bevölkerung in einer „**Schuldgemeinschaft**" zu vereinen, um so den **Durchhaltewillen der Deutschen zu stärken**. Nach Kriegsende fehlte folglich bei vielen Deutschen ein Bewusstsein für das an den Juden begangene Unrecht.

Motive für die Passivität der Deutschen

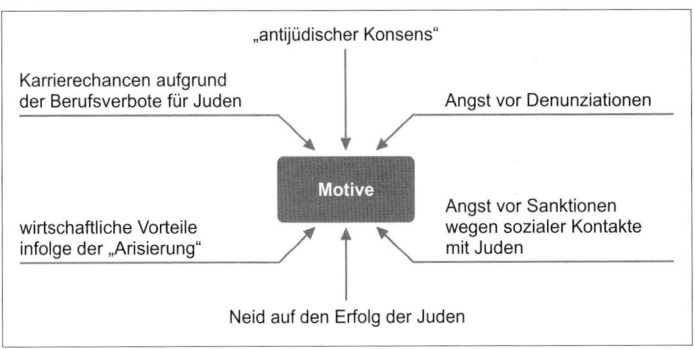

Die frühe Bundesrepublik – Erfolg der Demokratie durch „Wohlstand für alle"?

1 Das Kriegsende in Deutschland

1.1 Politischer und militärischer Zusammenbruch 1945

Verlauf

- **bedingungslose Kapitulation** der deutschen Wehrmacht (8. Mai)
- Übernahme der Regierungsgewalt in Deutschland durch die Siegermächte (5. Juni 1945)
- Aufteilung Deutschlands in **vier Besatzungszonen** unter Militärverwaltung der UdSSR, der USA, Frankreichs und Großbritanniens
- **Potsdamer Abkommen:** Denazifizierung, Demilitarisierung, Demokratisierung, Demontage und Dezentralisierung (2. August 1945)
- Gebietsbesetzungen östlich der Oder-Neiße-Linie durch die UdSSR

Kriegsfolgen für Deutschland

1.2 Moralischer Zusammenbruch

Für Millionen von Zwangsarbeitern, ausländischen Kriegsgefangenen und ehemaligen KZ-Insassen bedeutete der Zusammenbruch Deutschlands die Befreiung. Viele Deutsche dagegen wurden zur **Konfrontation mit den Verbrechen des Nationalsozialismus** und zur Auseinandersetzung mit ihrem eigenen Verhalten gezwungen.

2 Erfahrung der Deutschen mit dem „Dritten Reich"

2.1 Entnazifizierung und Umerziehung

Mit dem **Potsdamer Abkommen** beschlossen die Siegermächte die politische „Säuberung" der deutschen Gesellschaft durch **geistige Überwindung des NS-Systems (Entnazifizierung)**.

Maßnahmen zur Entnazifizierung der Deutschen

- **Verbot der NSDAP** und ihrer Unterorganisationen
- Überprüfung der deutschen Bevölkerung auf ihre Beteiligung am NS-System durch gerichtsähnliche „**Spruchkammern**" im Westen
- **Fragebogen zur Einteilung der Angeklagten in fünf Kategorien** (Hauptschuldige, Belastete, Minderbelastete, Mitläufer, Entlastete)
- **Nürnberger Prozesse** gegen die Hauptkriegsverbrecher sowie Nachfolgeprozesse gegen Vertreter der Funktionseliten (1945–1949)
- **Beseitigung der Erinnerung an die NS-Zeit** im öffentlichen Raum (z. B. Straßennamen)

Maßnahmen zur demokratischen Umerziehung („Reeducation")

- **Umgestaltung der Lehrpläne** und Entlassung „belasteter" Lehrer
- **Konfrontation der Bevölkerung mit dem Holocaust** (z. B. durch Filmaufnahmen aus Konzentrationslagern)
- **Lizenzierung neuer Zeitungen** (Meinungsvielfalt, Objektivität)
- Gründung staatsunabhängiger **öffentlich-rechtlicher Rundfunkanstalten** nach dem Vorbild der BBC

Bewertung der Maßnahmen

- Bekanntmachung und **Verurteilung von wichtigen NS-Verbrechern**, aber insgesamt nur wenige Verurteilungen
- **Spruchkammern als „Mitläuferfabriken":** oft Ausstellung zweifelhafter Entlastungsschreiben für Funktionseliten (**„Persilscheine"**)
- Flucht vieler NS-Täter ins Ausland
- Vorrang von wirtschaftlicher und bürokratischer Effizienz vor konsequenter Entnazifizierung, um Besatzungskosten zu senken

2.2 Das Grundgesetz für die Bundesrepublik Deutschland

Am 23. Mai 1949 wurde zum zweiten Mal in Deutschland eine **parlamentarische Demokratie** begründet. Die Verfasser des Grundgesetzes wollten „**Lehren aus Weimar**" ziehen, d. h. die Strukturschwächen der Weimarer Verfassung vermeiden.

Das politische System im Überblick

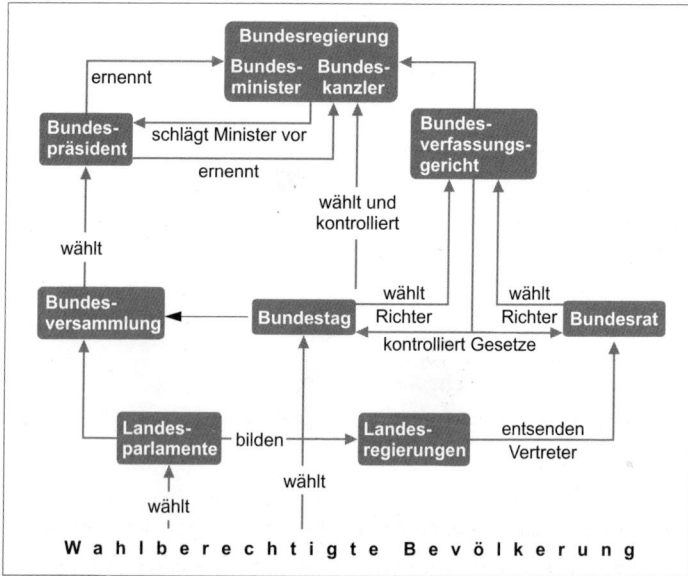

Die **Sicherung und Stabilisierung der Demokratie** erfolgte durch:

- Stärkung der **Menschen- und Grundrechte** als unmittelbar geltende, einklagbare Rechte

- „**Ewigkeitsklausel**" (Art. 79 Abs. 3 GG) zum Schutz bestimmter Verfassungsprinzipien: Menschenwürde, Republik, Demokratie sowie Bundes-, Rechts- und Sozialstaat

- **Bundesverfassungsgericht** als „Hüter der Verfassung"

- **Wahlrecht:** Mischform aus Verhältnis- und Mehrheitswahlrecht, dazu 5-Prozent-Sperrklausel

- Verankerung der politischen **Parteien** im Grundgesetz als Instrumente der politischen Willensbildung

- Stärkung des **föderalen Systems**

- Schwächung der Stellung des **Bundespräsidenten**

- Stärkung der Stellung des **Bundeskanzlers** („Richtlinienkompetenz")

- **konstruktives** statt einfaches **Misstrauensvotum**

- Möglichkeit des Verbots verfassungswidriger Parteien („**wehrhafte Demokratie**")

2.3 Vergangenheitspolitik in den 1950er-Jahren

Der Umgang mit der NS-Vergangenheit

In den 1950er-Jahren entwickelte sich die Bundesrepublik zu einer „**Verschweigensgemeinschaft**", um den Krieg und die eigene Schuld an den Verbrechen, die im Zeichen des Nationalsozialismus begangen worden waren, zu vergessen. Weite Teile der Bevölkerung wünschten einen „**Schlussstrich**", um die **Stabilität der neuen demokratischen Gesellschaft** nicht zu gefährden.

Beispiele für die Verdrängung der NS-Zeit

- kaum Aufklärung über die NS-Zeit im Unterricht

- gesellschaftliche Ausgrenzung und Verunglimpfung von Angehörigen der Widerstandskämpfer des 20. Juli 1944 als „Verräterclique"

- spätes Einsetzen einer Strafverfolgung von NS-Tätern (1958)

Die Integration der NS-Funktionseliten

Ziele des Staats
- Wunsch nach Beendigung der „Siegerjustiz" („Schlusstrich"-Mentalität)
- Nutzung des Expertenwissens der Funktionseliten für den Wiederaufbau
- Entschärfung eines möglichen Unruhepotenzials durch Erzeugen von Loyalität

↓

Vorgehen
Rehabilitation und Wiedereingliederung eines Großteils der NS-Funktionseliten in die demokratische Gesellschaft

↓

Folgen
- Verschweigen und Verdrängen der NS-Verbrechen und Ausblenden des Holocaust im gesellschaftlichen Diskurs
- personelle Kontinuität der NS-Funktionseliten im Staatsdienst (z. B. in der Justiz, an der Hochschule)

Beispiele für die Integration der NS-Funktionseliten

- **Amnestiebewegung** (Strafmilderung oder Straferlass für inhaftierte Kriegsverbrecher) durch „**Straffreiheitsgesetze**" (1949/1954)
- Abschluss der Entnazifizierung (1950)
- **Artikel 131 GG** und Ausführungsgesetze (1951): Wiedereinsetzung von als belastet eingestuften Personen in den Staatsdienst mit allen Versorgungsansprüchen

Beispiele für den einsetzenden Wandel im Umgang mit der NS-Vergangenheit

- **Rehabilitation** und öffentliche Würdigung **der Widerständler** als Kämpfer gegen einen „Unrechtsstaat" (ab 1952)
- Gründung der **Zentralstelle zur Aufklärung von NS-Verbrechen** in Ludwigsburg (1958)
- Aufklärung über die Dimension des Holocaust in den **Frankfurter Auschwitz-Prozessen** (1963–1965)
- Aufhebung einer geplanten Verjährung von Mord und Völkermord (1979)

2.4 Wiedergutmachungspolitik

Die Vergangenheitspolitik der Bundesrepublik wurde von einer umfassenden Wiedergutmachungspolitik begleitet. Zunächst sollten jüdische NS-Opfer materiell entschädigt werden. Das **Luxemburger Abkommen** (1952) legte umfangreiche Entschädigungsleistungen an den 1948 gegründeten **Staat Israel** fest, der sich als legitimer Erbe der getöteten Juden betrachtete und in welchem viele europäische Juden eine Heimat gefunden hatten. Die Durchsetzung dieser Politik stieß in Deutschland sowohl im Parlament als auch in der Bevölkerung auf Widerstände. Zusätzliche Gesetze wie z. B. das **Entschädigungsgesetz** (1956) richteten sich an weitere Opfergruppen, die somit individuell Ansprüche gegen den deutschen Staat geltend machen konnten. Auf diese Weise wurden sie sowohl für den Verlust von Freiheit, Gesundheit und beruflichen Karrieren als auch für geraubte Vermögen oder den Verlust von Sozialversicherungsleistungen finanziell entschädigt. Einige Opfergruppen konnten davon aber lange Zeit nicht profitieren, weil sie von der deutschen Justiz zu „**Nichtverfolgten**" erklärt wurden. Dazu zählten u. a. Sinti und Roma oder Homosexuelle. Ebenso wenig wurden lange Zeit die in den Ostblockstaaten lebenden NS-Opfer entschädigt.

3 Ost-West-Konflikt und Westintegration

3.1 Blockbildung als Folge des Ost-West-Konflikts

Ostblock und Westblock – ein Vergleich

Westen – „Erste Welt"	Osten – „Zweite Welt"
Führungsmacht: USA	Führungsmacht: UdSSR
Militärbündnis: NATO	Militärbündnis: Warschauer Pakt
Kapitalismus, Marktwirtschaft	Kommunismus, Planwirtschaft
liberale Demokratie mit Gewaltenteilung	Volksdemokratie
Parteienpluralismus	Staatsparteien (SED, KPdSU)

Sowjetische Expansion und Reaktion des Westens

Sowjetische Maßnahmen	Reaktion des Westens
• Etablierung sowjetischer Satellitenstaaten in Ostmittel- und Südosteuropa • politische, wirtschaftliche und militärische Ausrichtung auf Moskau • Unterstützung kommunistischer Umsturzversuche in Griechenland und in der Türkei • Verbot der Teilnahme am Marshall-Plan für die Ostblockstaaten	• **Containment-Politik:** Eindämmung des Kommunismus • **Truman-Doktrin:** militärische und wirtschaftliche Unterstützung aller „freien Völker" beim Kampf gegen den Kommunismus • **Marshall-Plan:** Kredite und materielle Hilfen zum Wiederaufbau Europas

Der Weg zur „doppelten Staatsgründung" in Deutschland 1948/49

- **Währungsreform** in den Westzonen und in West-Berlin (1948)
- **Berlin-Blockade** und **Berliner Luftbrücke** (1948/49)
- Vereinigung der drei Westzonen zur **Trizone** (1949)
- Gründung der **Bundesrepublik Deutschland** (23. Mai 1949)
- Gründung der **Deutschen Demokratischen Republik** (7. Okt. 1949)

Das geteilte **Deutschland** befand sich fortan im **Zentrum der weltpolitischen Auseinandersetzung** zwischen West und Ost.

3.2 Westintegration der Bundesrepublik Deutschland

Bundeskanzler **Konrad Adenauer** setzte auf die militärische, politische und wirtschaftliche **Einbindung der Bundesrepublik in die westliche Staatengemeinschaft** (Westintegration).

Adenauer und die Westmächte – gemeinsame Ziele

Ziele Adenauers	Ziele der Westmächte
• Rückgewinnung der durch das Besatzungsstatut von 1949 eingeschränkten deutschen Souveränität • Sicherheit für die Bundesrepublik angesichts des Ost-West-Konflikts	• Stabilisierung Westdeutschlands • Immunisierung der Westdeutschen gegen kommunistische Ideen • starke Bundesrepublik als „Bollwerk" gegen den Kommunismus

Ebenen der Westintegration

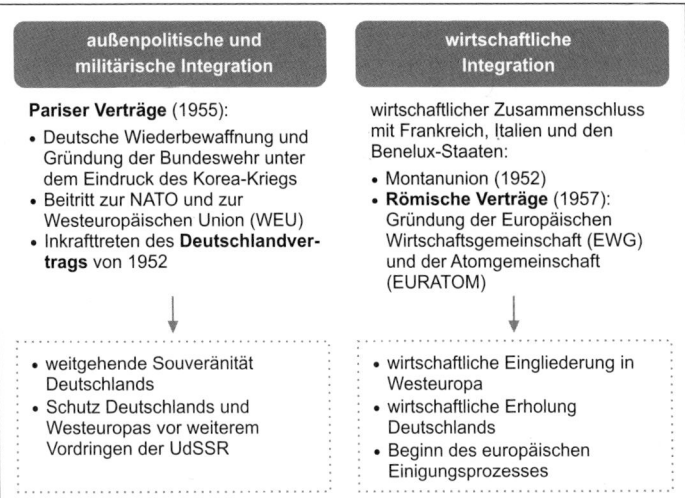

außenpolitische und militärische Integration	wirtschaftliche Integration
Pariser Verträge (1955): • Deutsche Wiederbewaffnung und Gründung der Bundeswehr unter dem Eindruck des Korea-Kriegs • Beitritt zur NATO und zur Westeuropäischen Union (WEU) • Inkrafttreten des **Deutschlandvertrags** von 1952	wirtschaftlicher Zusammenschluss mit Frankreich, Italien und den Benelux-Staaten: • Montanunion (1952) • **Römische Verträge** (1957): Gründung der Europäischen Wirtschaftsgemeinschaft (EWG) und der Atomgemeinschaft (EURATOM)
↓	↓
• weitgehende Souveränität Deutschlands • Schutz Deutschlands und Westeuropas vor weiterem Vordringen der UdSSR	• wirtschaftliche Eingliederung in Westeuropa • wirtschaftliche Erholung Deutschlands • Beginn des europäischen Einigungsprozesses

Westintegration versus Wiedervereinigung

Die **Präambel des Grundgesetzes** nannte die **Wiedervereinigung** als Ziel der deutschen Außenpolitik. Viele Deutsche befürchteten aber, dass die Westintegration die beiden deutschen Staaten weiter entfremden und eine Wiedervereinigung erschweren würde. Doch für Adenauer war eine Wiedervereinigung **nur in Zusammenarbeit mit den Westmächten** und mithilfe eines **demokratischen Rechtsstaats** möglich.

4 Soziale Marktwirtschaft und Wirtschaftswunder

4.1 Das Wirtschaftswunder

Der **Erfolg des demokratischen Neubeginns** und die **innere Stabilisierung der Bundesrepublik** sind zu einem großen Teil dem starken wirtschaftlichen Wachstum ab 1950 zu verdanken, das über ein Jahrzehnt anhielt. Mitunter wird dieses Wirtschaftswunder als eigentlicher **Gründungsmythos der Bundesrepublik** bezeichnet.

Die Ursachen des Wirtschaftswunders

innere Faktoren	äußere Faktoren
Produktionspotenzial • „Humankapital" • technologisches Know-how • Bestand an Industrieanlagen • Modernisierungsschub der Industrie bereits im Krieg	**Einbindung in freien Weltmarkt** • Einbindung der DM in das internationale System fester Wechselkurse • Beitritt der Bundesrepublik zum Zoll- und Handelsabkommen GATT (Abbau von Zöllen, Exporterleichterung)
Tarifpolitik • Zusammenarbeit von Unternehmern und Gewerkschaften • niedriges Streikniveau • stabilisierende Wirkung der Tarifautonomie • gemäßigte Lohnforderungen der Gewerkschaften	**Hilfeleistungen des Marshall-Plans** • Sachlieferungen (Waren, Rohstoffe und Lebensmittel) • Kredite • Förderung der europäischen Zusammenarbeit • erleichterte Einbindung der Bundesrepublik in den Weltmarkt
Arbeitskräftepotenzial • hohe Qualifikation und Motivation der Vertriebenen • aus der DDR geflüchtete Fachkräfte → größte mobilisierbare Arbeitskräftereserven in Westeuropa	**Exportsteigerung** (durch Korea-Boom) • steigende US-Rüstungsproduktion bindet Kapazitäten von US-Firmen • deutsche Unternehmen bedienen die internationale Nachfrage nach industriellen Gütern

Merkmale des Wirtschaftswunders

starker Anstieg des Bruttosozialprodukts

„Konsumwellen" (z. B. Fresswelle, Reisewelle)

Entproletarisierung der Arbeiterschaft und Anwachsen der Mittelschicht

stark sinkende Arbeitslosigkeit

Vollbeschäftigung

Merkmale des Wirtschaftswunders

steigender Lebensstandard der Bundesbürger

Bedeutungszuwachs des industriellen Sektors auf Kosten der Agrarwirtschaft

starker Anstieg der Einkommen, der Kaufkraft und des Privatkonsums

Integration von Millionen Flüchtlingen und Vertriebenen, wachsende Akzeptanz für die parlamentarische Demokratie

4.2 Die soziale Marktwirtschaft als politischer Rahmen

Der Neubeginn der Bundesrepublik ist eng mit dem Begriff der „sozialen Marktwirtschaft" verknüpft. Grundlage dieser Wirtschaftsordnung ist der **freie Wettbewerb**. Der Staat soll lediglich sozialpolitische Korrekturen vornehmen und auf **sozialen Ausgleich** hinwirken.

Das **Prinzip der sozialen Gerechtigkeit** sollte laut Wirtschaftsminister Ludwig Erhard durch eine florierende freie Wirtschaft, steigende Einkommen und wachsende private Vermögen erreicht werden. Seine Parole lautete: „**Wohlstand für alle**". Zwar profitierte die gesamte Bevölkerung vom Wirtschaftswunder, der Wohlstand blieb in Deutschland aber sehr ungleich verteilt. In der Praxis wurde die soziale Gerechtigkeit zunehmend durch den **Auf- und Ausbau des Sozialstaats** erreicht.

Integrative Wirkung der sozialen Marktwirtschaft

Das Konzept der sozialen Marktwirtschaft bedeutete einen **Zugewinn an Legitimation** für das demokratische System. Angesichts der Notlage, in der sich viele Menschen nach Kriegsende befanden, leistete die neue Wirtschaftsordnung im Verbund mit dem starken Boom der Wirtschaft einen Beitrag zur **Integration breiter Bevölkerungsschichten**.

Sozialpolitische Integrationsklammern

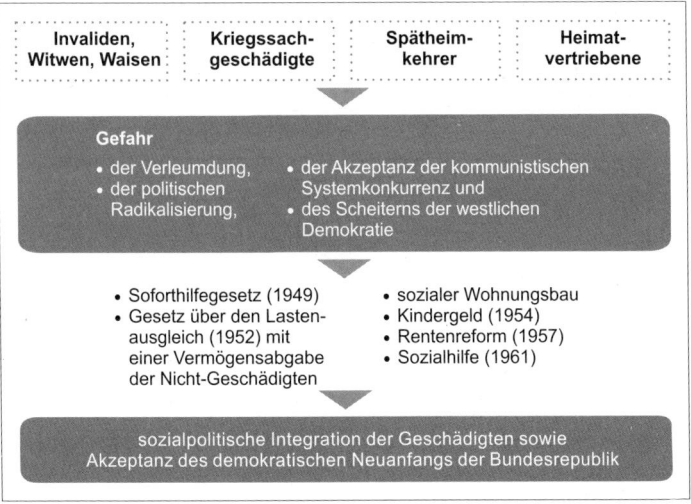

Beispiele für sozialpolitische Maßnahmen

- **Tarifvertragsgesetz:** Recht des Abschlusses von Tarifverträgen durch Gewerkschaften und Arbeitgeber (Tarifautonomie)
- **Lastenausgleichsgesetz:** Entschädigung für kriegsbedingte Vermögensverluste (z. B. für Vertriebene)
- **Rentenreform:** Anpassung der Rentenentwicklung an die Lohn- und Gehaltsentwicklung sowie „Generationenvertrag" (Finanzierung der Renten aus den Versicherungsbeiträgen der aktuellen Arbeitnehmer)

5 Gesellschaftliche Entwicklungen in der frühen Bundesrepublik

5.1 Die Integration der Vertriebenen

Heute gilt die gelungene Eingliederung der fast 10 Millionen deutschen Vertriebenen aus den ehemaligen östlichen Reichsteilen und den deutschen Siedlungsräumen in Mittel-, Südost- und Osteuropa als große **Integrationsleistung**. Dabei waren die Vertriebenen in der Notsituation unmittelbar nach Kriegsende vielfach nicht willkommen.

Integrationshürden

- **soziale Spannungen** zwischen Vertriebenen und Einheimischen aufgrund der Notsituation
- **Kulturschock** auf beiden Seiten durch die Unterbringung der Vertriebenen auf dem Land oder in Kleinstädten, wo sehr homogene kulturelle, soziale und religiöse Milieus vorherrschten
- **Ausgrenzung und Diskriminierung** der Heimatlosen durch die Einheimischen
- **sozialer Abstieg** vieler Vertriebener (materielle Verluste und Statusverluste)
- **räumliche Segregation** der Vertriebenen (eigens angelegte Siedlungen, Neugründungen von Gemeinden)

- Zusammengehörigkeitsgefühl der Vertriebenen durch **Brauchtumspflege**, landsmannschaftliche Treffen und die Hoffnung auf Rückkehr in die alte Heimat
- Revanchismus-Vorwurf gegen die Vertriebenen im Zuge der neuen Ostpolitik

5.2 Verwestlichung und Amerikanisierung

Nach 1949 bildete sich in Deutschland eine konservative bzw. **restaurative Gesellschaft**. Verbreitet war eine Sehnsucht nach bürgerlicher Normalität und materieller Sicherheit. Diese kollektiven Gefühle wurden durch die Instabilität der Bundesrepublik in ihrer Gründungsphase verschärft. **Kunst- und Kulturschaffende** wandten sich ebenso gegen die Restauration wie eine neuartige **Populär- und Jugendkultur**, die sich an amerikanischen Vorbildern orientierte. Beides zusammen veränderte die bundesdeutsche Gesellschaft grundlegend.

Verwestlichung

Der Begriff zielt v. a. auf die Übernahme und zunehmende Verbreitung der politischen Ideen des Westens ab. Die **Ideen des Liberalismus und Pluralismus** verdrängten das traditionelle obrigkeitsstaatliche Denken. Werte wie Disziplin und Gehorsam verloren gegenüber Werten wie **Individualismus und Selbstentfaltung** an Bedeutung.

Amerikanisierung

Amerikanisierung bedeutet die Übernahme des „**American Way of Life**", d. h. der amerikanischen Lebensart, Kleidung und Verhaltensmuster, aber auch die Bewunderung amerikanischer Musiker und Schauspieler. Viele Jugendliche drückten so ihren Wunsch nach mehr Freiheit in Abgrenzung zur älteren, bürgerlichen Generation aus. Diese neue Jugendkultur fand ihren Ausdruck z. B. in der Übernahme der **Rock 'n' Roll-Subkultur** mit entsprechenden „Halbstarkenkrawallen".

7 Antikommunismus als Integrationsideologie

Die DDR wurde auch nach 1949 offiziell als Sowjetische Besatzungszone (SBZ) bezeichnet, um die **Nichtanerkennung des zweiten deutschen Staates** zu betonen. Sie diente als ein **Feindbild**, das fast alle
politischen Lager einte und der neuen Demokratie im Westen zusätzliche **Legitimation** verlieh – auch bei ehemaligen Nationalsozialisten.

Alleinvertretungsanspruch der Bundesrepublik

Die Bundesrepublik erhob den Anspruch, alleinige Rechtsnachfolge-
rin des Deutschen Reiches zu sein und die Interessen aller Deutschen
zu vertreten. Begründet wurde dies damit, dass nur in der Bundesrepublik eine frei gewählte Regierung im Amt war, während die DDR
eine von der Sowjetunion abhängige SED-Diktatur war. In der **Hallstein-Doktrin** drohte die Bundesrepublik, keine Beziehungen zu den
Staaten zu unterhalten, die die DDR diplomatisch anerkannten, sodass
die **DDR** lange Zeit **international isoliert** blieb.

Westlicher Antikommunismus im Ost-West-Konflikt

Der Antikommunismus in der Bundesrepublik war eingebettet in die
ideologische Auseinandersetzung des Westens mit der UdSSR. Der
ideologische Zusammenschluss Deutschlands mit dem lange abge-
lehnten Westen und seinen Werten verstärkte sich nach Ausbruch des
Korea-Kriegs, als Südkorea Opfer einer kommunistischen Aggression
wurde. Weil die demokratischen **USA** der einzig wirksame **Schutz vor
einer befürchteten Invasion Deutschlands durch die UdSSR** waren,
gewann das parlamentarische System auch bei antidemokratisch ge-
prägten Deutschen an Zustimmung.

Die DDR – eine deutsche Alternative?

1 Anspruch und Wirklichkeit im „Arbeiter- und Bauernstaat"

1.1 Der Neubeginn des politischen Lebens in der Sowjetischen Besatzungszone (SBZ)

Wichtige Stationen

Ausgangslage
- Rückkehr der Exilkommunisten der „Gruppe Ulbricht" zur Unterstützung der sowjetischen Militäradministration (SMAD) am 30. April 1945

politischer Aufbau
- Gründung der Kommunistischen Partei Deutschlands (KPD) am 11. Juni 1945
- Bildung eines „Antifaschistischen Blocks" mit den anderen neuen Parteien unter Führung der KPD

Schaffung einer sozialistischen Wirtschaftsordnung durch
- Verstaatlichung von Banken und Sparkassen
- Enteignung der Großgrundbesitzer durch Bodenreform
- Verstaatlichung großer Industrie-, Bergbau- und Handelsfirmen

politische Folgen
- wachsende Unbeliebtheit der KPD als Handlangerin der sowjetischen Besatzungsmacht
- schwaches Abschneiden der Partei bei freien Wahlen
- Zwangsvereinigung der KPD mit der erfolgreichen Massenpartei SPD im April 1946 → Entstehung der Sozialistischen Einheitspartei Deutschlands (SED)
- Zurückdrängung des sozialdemokratischen Einflusses in der SED
- Umbau der SED in eine Kaderpartei nach sowjetischem Vorbild

Das Konzept der Volksdemokratie

In ihrem Selbstverständnis war die am 7. Oktober 1949 gegründete DDR ein **demokratischer, sozialistischer und antifaschistischer Staat**. Er war fest eingebunden in das System der sozialistischen „Bruderstaaten" im Osten, die von der Sowjetunion politisch, wirtschaftlich und ideologisch angeführt wurden. Das eigene politische System wurde als **marxistisch legitimierte „Volksdemokratie"** bezeichnet, obwohl es keine echte Kontrolle der herrschenden SED gab.

Marxismus-Leninismus

Die Lehren von Marx und Lenin bildeten die **verbindliche Weltanschauung in der DDR**. Nach dieser war die Geschichte geprägt vom Klassenkampf zwischen den Besitzenden und den Unterdrückten. Die Gegensätze entluden sich immer wieder in Revolutionen, in denen die Unterdrückten gegen ihre Ausbeuter aufbegehrten. Nach dieser Vorstellung hatte die Arbeiterklasse der DDR („Proletariat") unter Führung der SED die Kapitalisten entmachtet und war nun selbst an der Macht (**„Diktatur des Proletariats"**).

Die Führungsrolle der SED

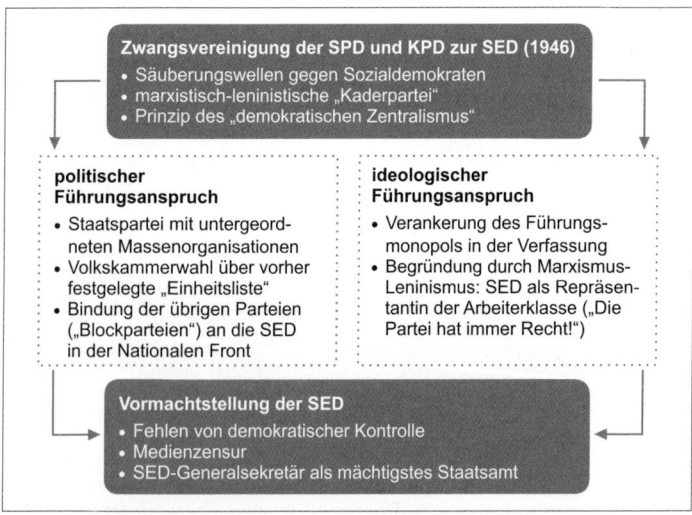

Antifaschismus als Staatsdoktrin der DDR

Um sich von der „imperialistischen" Bundesrepublik abzugrenzen und die eigene Legitimation zu stärken, erhob die DDR den **Antifaschismus zur Staatsdoktrin**. Dabei wurde u. a. auf den verlustreichen Widerstand der Kommunisten gegen die Nationalsozialisten verwiesen.

1.2 Der Umgang mit der NS-Vergangenheit

Entnazifizierung in der SBZ

- konsequente Verfolgung von NS-Tätern und ihren Unterstützern in der SBZ nach 1945
- Entfernung der NS-Funktionseliten aus Verwaltung, Justiz und Schulwesen

Schattenseiten der Entnazifizierung

- willkürliche Verhaftungen und Internierungen Unschuldiger
- frühe Integration einfacher NSDAP-Mitglieder durch Eintritt in die KPD / SED
- Missbrauch der Entnazifizierung zur Denunziation und Ausschaltung politischer Gegner
- Antifaschismus als Begründung von Bodenreform und Verstaatlichung von Betrieben bei der sozialistischen Umgestaltung des Staats
- fehlende Diskussion über die kollektive Verantwortung für die NS-Verbrechen
- Ablehnung von Verantwortung für NS-Verbrechen und Wiedergutmachung an Israel

1.3 Machtsicherung durch Repression

Der Arbeiteraufstand vom 17. Juni 1953

- Generalstreik der Arbeiter anlässlich einer Erhöhung der Arbeitsanforderungen durch das SED-Regime
- Entwicklung zum Volksaufstand durch zahlreiche Sympathisanten
- Verhängung des Kriegsrechts
- blutige Niederschlagung des Aufstandes mithilfe sowjetischer Panzer
- Verhaftung vieler Aktivisten, Säuberungswelle in der SED
- **Legitimationsschock für SED-Führung**, da Bestandsgarantie der DDR nur durch UdSSR möglich

Maßnahmen zur Machsicherung

- **Einflussnahme auf die Justiz:** strafrechtliche Verfolgung und Verurteilung von Oppositionellen unter Missachtung rechtsstaatlicher Prinzipien
- **Gründung des Ministeriums für Staatssicherheit** („Stasi"); Ausbau zum mächtigen Überwachungs- und Repressionsinstrument von Oppositionellen und Dissidenten (Systemkritikern)
- **Bau der Berliner Mauer** (13. August 1961) und der **Grenzanlagen** an der innerdeutschen Grenze zur Eindämmung der massenhaften „Republikflucht"

Entstehen einer „Nischengesellschaft"

Mit dem Bau der Mauer schienen sich die politischen Verhältnisse in der DDR zu stabilisieren. Weil die DDR-Bürger erkannten, dass eine Flucht nahezu unmöglich war und ein Zusammenbruch des Regimes angesichts der sowjetischen Unterstützung der SED nicht zu erhoffen war, arrangierten sich die meisten mit den Verhältnissen. Sie zogen sich ins Private zurück und suchten dort nach persönlichen „Nischen" (Freiräumen).

2 Die DDR und der Westen

Mit der „**doppelten Staatsgründung**" entstanden 1949 zwei deutsche Staaten, die hinsichtlich ihrer politischen und wirtschaftlichen Systeme konkurrierten. Diese **Systemkonkurrenz** war in den weltweiten Ost-West-Gegensatz eingebunden. Zudem wurden beide Staaten in ihrem politischen Handeln von den jeweiligen Besatzungsmächten gelenkt.

2.1 Deutschlandpolitische Standpunkte bis 1969

Unter Deutschlandpolitik versteht man in der Geschichte **politische Konzeptionen**, die sich aus der Existenz zweier deutscher Staaten von 1949 bis 1990 ergaben. Bis 1969 bedeutete dies für beide Staaten:
- Selbstbild als deutscher Kernstaat
- Infragestellung der Legitimität des jeweils anderen Teilstaats
- Versuche der Destabilisierung des Nachbarn

Deutschlandpolitische Standpunkte im Vergleich

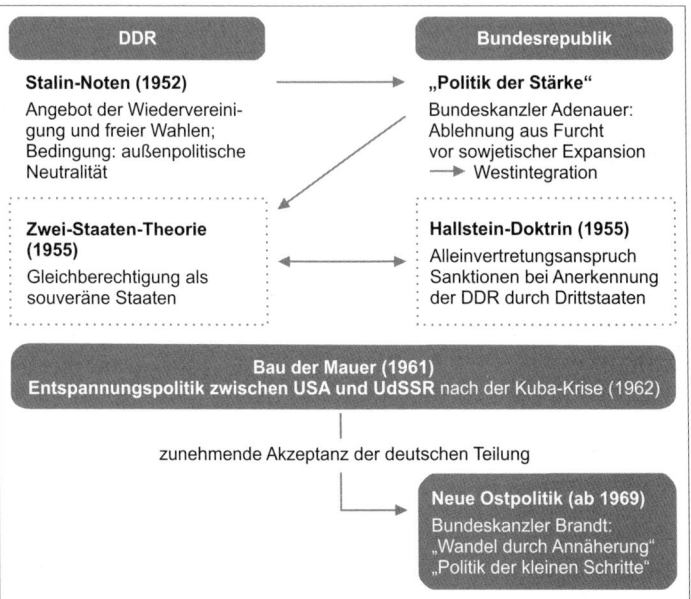

2.2 Die neue Ostpolitik der Regierung Brandt

Die neue Ostpolitik unter Willy Brandt war Teil der Entspannungspolitik und stützte sich auf die zunehmende **Akzeptanz der deutschen Teilung** in Ost und West. Statt auf Abgrenzung und das Warten auf den Zusammenbruch der DDR setzte man auf eine „**Politik der kleinen Schritte**", die einen „**Wandel durch Annäherung**" ermöglichen sollte.

Die neue Ostpolitik: Verträge und Abkommen

„Ostverträge" mit der UdSSR (1970), Polen (1970) und der Tschechoslowakei (1973)	• Garantie des territorialen Status quo in Europa durch Deutschland, einschließlich der Oder-Neiße-Grenze • Verzicht auf gewaltsame Grenzänderungen und deutsche Gebietsansprüche
„Brief zur deutschen Einheit" (1970)	• Wiedervereinigung als bleibendes Ziel der Bundesrepublik Deutschland
Viermächte-Abkommen über Berlin (1971)	• Aufrechterhaltung der Bindung zwischen Berlins Westsektoren und der Bundesrepublik • freier Transitverkehr nach Berlin
Grundlagenvertrag mit der DDR (1972)	• Anerkennung der jeweiligen Hoheitsgebiete • Festhalten am Sonderstatus der innerdeutschen Beziehungen • Austausch „Ständiger Vertreter" • Ziel: Entwicklung „gutnachbarlicher Beziehungen" • faktische Aufgabe des Alleinvertretungsanspruchs

Mit den „Ostverträgen" akzeptierte die Bundesrepublik die Gebietsverluste im Osten und die deutsche Teilung als Folge der Niederlage im Zweiten Weltkrieg. Eine **völkerrechtliche Anerkennung der DDR** war jedoch aufgrund des Wiedervereinigungsgebotes des Grundgesetzes **nicht möglich**.

Folgen der Ostpolitik

• **internationale Anerkennung der DDR**
  – Aufnahme der DDR in die UNO (1973)
  – Ende ihrer außenpolitischen Isolation auf der Konferenz für Sicherheit und Zusammenarbeit in Europa (KSZE)
• **Stärkung der Opposition in der DDR**
  – Zunahme der innerdeutschen Kontakte und Kommunikationsmöglichkeiten
  – stark wachsende Zahl an Ausreisewilligen

- Möglichkeit der Berufung auf die Schlussakte der KSZE mit Verpflichtung der DDR auf „Achtung der Menschenrechte und Grundfreiheiten"
- Bildung von oppositionellen Gruppen im Schutz der Kirchen
- Entstehen einer Friedens- und Frauenbewegung

- **Reaktion der DDR-Führung**
  - Ausbau des Überwachungsstaats (Bespitzelung der Opposition)
  - Stärkung der „Stasi" und Ausbau der Grenzüberwachung
  - Einschränkung der Kontaktmöglichkeiten, z. B. der Arbeit westdeutscher Journalisten
  - Devisenzwangsumtausch für westliche Besucher
  - Verfolgung und Ausbürgerung systemkritischer Intellektueller
  - Streichung aller gesamtdeutschen Bezüge aus der Verfassung

Bewertung der neuen Ostpolitik

einerseits	andererseits
• Stabilisierung des kriselnden DDR-Regimes durch Anerkennung der „Hoheitsgewalt" (Unabhängigkeit, Selbstständigkeit) und Milliardenkredite der Bundesrepublik • vorläufige Zementierung der deutschen Teilung	• zunehmende Kontakte zwischen Ost und West • Stärkung der Opposition • Voraussetzung für die „Friedliche Revolution" • Festhalten der Bundesrepublik am Ziel der Wiedervereinigung

3 Die Wirtschafts- und Sozialpolitik der DDR

3.1 „Einheit von Wirtschafts- und Sozialpolitik"

1971 wurde **Erich Honecker** als Nachfolger Walter Ulbrichts zum Generalsekretär der SED ernannt. Sein Ziel war es, die **Versorgungslage** und den **Lebensstandard der Bevölkerung zu verbessern**. Durch diese Maßnahmen sollte die **Akzeptanz des „real existierenden Sozialismus"** erhöht und die Arbeitsproduktivität gesteigert werden. So entwickelte sich eine staatlich subventionierte Sozialpolitik und eine neue, konsumorientierte Wirtschaftspolitik.

Beispiele für sozialpolitische Maßnahmen

- Verbesserung der mangelhaften Wohnsituation (Neubau, Renovierung und Sanierung)
- Erhöhung der Mindestlöhne und Renten
- Ausbau der Kinderbetreuung
- Verbesserung der medizinischen Versorgung und Betreuung
- Ausbau des Erholungswesens

Die Stärkung der Konsumgüterindustrie, die spürbare Verbesserung des Lebensstandards und die umfassende Sozialpolitik sorgten zwar für eine wachsende Akzeptanz des politischen Systems („goldene" 70er-Jahre) und sind heute Bezugspunkte einer nostalgischen Erinnerung an die DDR. Problematisch war aber, dass die **Sozialpolitik stark subventioniert** werden musste und die **Wettbewerbsfähigkeit der DDR-Wirtschaft** weit hinter der westlichen zurückblieb.

3.2 Wirtschaftspolitische Probleme

Die Planwirtschaft und ihr Scheitern

In der „**Zentralverwaltungswirtschaft**" (Planwirtschaft) trifft der **Staat als zentrale Instanz** alle für den Produktionsprozess von Gütern wichtigen Entscheidungen: Er setzt z. B. Produktionsziele, Preise oder Löhne fest und verteilt Arbeit, Kapital, Boden sowie Rohstoffe. Die Wirtschaft selbst hat somit keine Möglichkeit, auf Veränderungen des Weltmarkts zu reagieren. Aufgrund veralteter Industrieanlagen und steigender Rohstoffpreise wurden zudem die Qualität und die Weiterentwicklung der Produkte vernachlässigt.

Das Scheitern der Planwirtschaft in der DDR ging einher mit einer **Mangelwirtschaft**, in der das Warenangebot so niedrig war, dass der **Lebensstandard** der DDR-Bürger wieder **stagnierte** und in den 1980er-Jahren sogar deutlich zurückging. Die Wirtschaftskrise in der DDR weitete sich aber auch zur **Umweltkrise** aus, da Geld für Investitionen in den Umweltschutz fehlte, und wurde letztlich zur **Legitimationskrise**.

Zusammenfassung: Wirtschaftskrise als Systemkrise

wirtschaftspolitische Maßnahmen
- Rationalisierung und Intensivierung des Produktionsprozesses
- Verstaatlichung von Betrieben
- Devisenbeschaffung durch Transithandel, Zwangsumtausch, Häftlingsfreikauf

↓

Misserfolg der Wirtschaftspolitik
- Scheitern wegen Planwirtschaft, fehlender Investitionen, steigender Ölpreise
- geringe Arbeitsproduktivität
- Verlust der Konkurrenzfähigkeit

↓

drohender Staatsbankrott, Überleben dank
Milliarden-Krediten aus dem Westen

↓

Verschlechterung der Versorgung

↓

Glaubwürdigkeitsverlust bei der Bevölkerung (Legitimationskrise)

4 Grundgesetz oder „dritter Weg"

4.1 Die Friedliche Revolution

Der **Zusammenbruch der DDR** lässt sich nur mit dem Zusammenwirken von **äußeren und inneren Faktoren** erklären. Diese hatten
einen wachsenden Protest der DDR-Bevölkerung zur Folge, der schließlich zur Öffnung der innerdeutschen Grenze führte.

Ursachen und Etappen des Zusammenbruchs des SED-Regimes

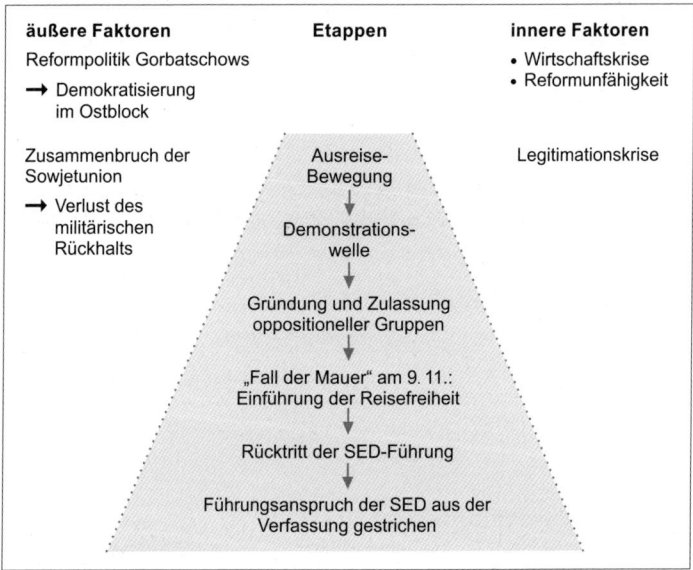

äußere Faktoren	Etappen	innere Faktoren
Reformpolitik Gorbatschows		• Wirtschaftskrise
→ Demokratisierung im Ostblock		• Reformunfähigkeit
Zusammenbruch der Sowjetunion	Ausreise-Bewegung	Legitimationskrise
→ Verlust des militärischen Rückhalts	Demonstrations-welle	
	Gründung und Zulassung oppositioneller Gruppen	
	„Fall der Mauer" am 9. 11.: Einführung der Reisefreiheit	
	Rücktritt der SED-Führung	
	Führungsanspruch der SED aus der Verfassung gestrichen	

4.2 Die Wiedervereinigung

„Runder Tisch" und „Dritter Weg"

Bei den **„Runden Tischen"** handelte es sich um informelle Zusam-
menkünfte zwischen den Vertretern der DDR-Bürgerrechtsbewegung
und der letzten, reformorientierten DDR-Regierung unter Hans Mod-
row (SED). Diese Treffen fanden in der Endphase der DDR statt und

führten u. a. zur Ausarbeitung einer neuen **DDR-Verfassung**, die den Fortbestand der DDR als souveräner Staat gewährleisten sollte. Der Entwurf wurde aber von der neu gewählten Volkskammer abgelehnt. Die Verfassung stand im Zusammenhang mit dem bei den Bürgerrechtlern beliebten Konzept eines **„Dritten Wegs"**, der eine **sozialistische Wirtschaftsordnung mit demokratischer Mitbestimmung und Rechtsstaatlichkeit** kombinierte.

Die Wiedervereinigung auf nationaler Ebene

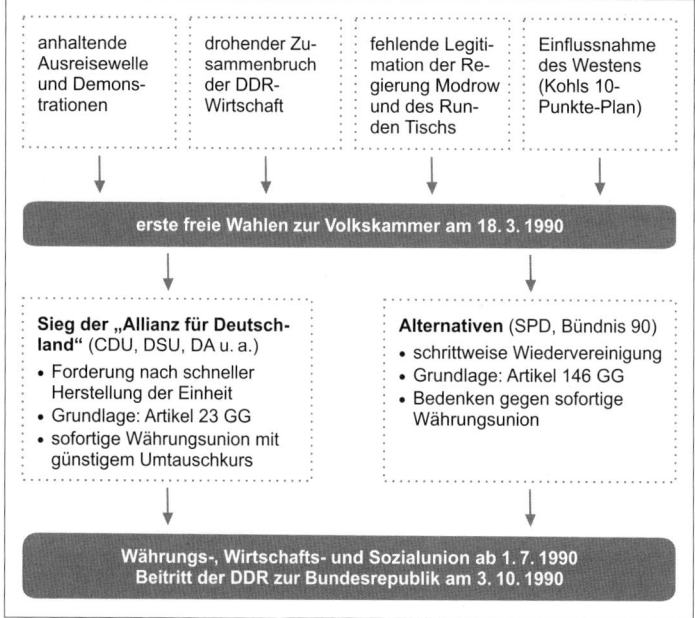

Gründe für die Entscheidung zur Ausdehnung des Grundgesetzes (§ 23: „Beitritt")

- bewährte Qualität des Grundgesetzes
- Ungewissheit über Dauer der Chance zur Wiedervereinigung
- Hoffnung auf Stopp der anhaltenden Abwanderung aus dem Osten
- Deutung des Ergebnisses der Volkskammerwahl als Votum für § 23

5 Problematik der Geschichtserinnerung an die DDR

Die Sozialisation in gegensätzlichen politischen, wirtschaftlichen und gesellschaftlichen Systemen hat eine Spaltung der mittleren und älteren Generationen in ehemalige Ost- und Westdeutsche zur Folge. Beide Seiten nehmen die **Mentalitätsunterschiede** wahr, die auch zu klischeehaften Zuschreibungen führen. Angesichts der wachsenden Herausforderungen (Deindustrialisierung und Massenarbeitslosigkeit im Osten, hohe Kosten des „Aufbau Ost") schlug bei Ost- und Westdeutschen die anfängliche Euphorie in **Ernüchterung** um, die sich in **gegenseitigen Vorurteilen** äußerte.

Unterschiedliche Sichtweisen auf die deutsche Einheit

Ost	West
• Bruch im eigenen Lebenslauf • Verunsicherung und Abwehrhaltung gegen die westdeutsche Sichtweise auf die DDR • Zwang zur Anpassung an die westliche Gesellschaft • Rechtfertigung der eigenen Lebensentwürfe	• Kontinuität der eigenen Biografien • keine Kenntnis der Alltagserfahrung in der DDR • Ablehnung der DDR als sozialistisches System • Vergleich von NS- und SED-Diktatur
„**Ostalgie**" (verklärender Rückblick auf den Alltag in der DDR); Betonung der sozialen Sicherheit und Fürsorge	Betonung des Mangels an politischer Freiheit und der wirtschaftlichen Ineffizienz in der DDR

Aktuelle Situation

- Umfragen zum 25. Jahrestag des Mauerfalls belegen ein weiteres „Zusammenwachsen" von Ost und West, was Werte und Einstellungen anbelangt.

- Insgesamt überwiegt die Zustimmung zur Einheit in Ost und West.

- Der Prozess der Angleichung der Lebensverhältnisse in Ost und West hat Fortschritte gemacht, ist aber noch nicht abgeschlossen.

- Der Charakter der DDR als „Unrechtsstaat" ist nach wie vor Gegenstand der politischen Diskussion.

Wurzeln europäischer Denkhaltungen und Grundlagen moderner politischer Ordnungsformen

1 Antike Grundlagen europäischen Denkens

1.1 Vom Mythos zum Logos

Die griechische **Philosophie** („Liebe zur Weisheit") gab neue Antworten auf die Frage nach dem menschlichen Selbstverständnis und der Ursache aller Existenz. Anstelle des Mythos als Modell der Welterklärung orientierte sie sich an **Wahrheit und Vernunft**.

Mythos	Logos
• griechisch: Wort, Erzählung	• griechisch: Wahrheit, Vernunft
• komplexes Geflecht aus fantastischen Sagen	• vernunftgeleitetes Denken (Rationalität)
• Eingreifen von Gottheiten in das Weltgeschehen als Erklärungsmuster	• Erfahrung und genaue Beobachtung (Empirie)
• irrational, nicht logisch	• Diskussion unterschiedlicher Auffassungen (Diskurs)
• Beispiel: Sagen Homers	• Grundlage für die Erklärung der Welt, der Gemeinschaft und des Individuums

Der „Vorsokratiker" **Thales von Milet** (ca. 624–546 v. Chr.) gilt vielen als erster systematischer Denker. Er sah im Wasser den Urstoff der Natur. Zudem fand er u. a. physikalische Erklärungen für Erdbeben und Überschwemmungen.

1.2 Mensch, Staat, Recht und Moral

Neben naturwissenschaftlichen Problemstellungen beschäftigten sich die antiken Denker mit dem Verhältnis von Individuum und Gesellschaft.

Sokrates (ca. 470–399 v. Chr.) steht für die kritische Selbstreflexion („Ich weiß, dass ich nichts weiß") und erlangte mit seinen dialektischen Lehrgesprächen Berühmtheit. Er prägte den **ethischen Indivi-**

dualismus, demzufolge der Mensch nach gesellschaftlichen Konventionen lebt, ohne jedoch im Idealfall von den eigenen Überzeugungen Abstand zu nehmen.

Der ideale Staat

Sokrates' Schüler **Platon** (428/27–348/47 v. Chr.) und dessen Schüler **Aristoteles** (384–322 v. Chr.) entwickelten systematische Vorstellungen über das Zusammenleben der Bewohner einer griechischen Polis (Stadtstaat).

Platon	Aristoteles
• utopischer Idealstaat auf Basis allgemeiner Gerechtigkeit • hierarchische Ordnung unterschiedlicher Stände: Herrscher (idealerweise Philosophen), Wächter, Handwerker und Bauern • Status basierend auf individueller Leistung	• Mensch als politisches Wesen • legitime Herrschaftsformen des Allgemeinwohls: Monarchie, Aristokratie, Politie (Herrschaft der Vernünftigen) • illegitime Herrschaftsformen: Tyrannis, Oligarchie (Herrschaft einer kleinen Gruppe), Demokratie als Herrschaft des Pöbels

1.3 Die Tradition des römischen Rechts

Die Römer übernahmen und modifizierten viele Errungenschaften der Griechen. Das römische Recht ist dagegen ihre eigene Schöpfung: Es trug zur Stabilität des Reiches bei und wirkt bis heute nach.

Das berühmte **Zwölf-Tafel-Gesetz** war das erste schriftlich fixierte Recht der Römer und löste das alte Gewohnheitsrecht ab. Da es öffentlich aufgestellt wurde, konnten sich auch einfache Bürger darauf berufen.

Einflussreiche römische Rechtsprinzipien

- Im Zweifel für den Angeklagten
- Wo kein Kläger, da kein Richter
- Über Tote soll nur Gutes gesagt werden
- Unterscheidung zwischen Besitz und Eigentum

Rechtsgleichheit wurde erst 212 n. Chr. mit der *Constitutio Antoniniana* hergestellt. Darin erhielten alle freien Einwohner des Römischen Reichs das Römische Bürgerrecht – fortan wurde nicht mehr zwischen Römern und Fremden unterschieden.

Römisches Recht in der Spätantike

Der oströmische Kaiser **Justinian** (482–564) wollte die Einheit des Römischen Reichs wiederherstellen. Ein Schritt auf diesem Weg sollte die Sammlung, Ordnung und Vereinheitlichung der Rechtstraditionen sein. Das Ergebnis wurde 533 n. Chr. veröffentlicht und trug den Namen **Corpus Iuris Civilis**. Dieser bildete die erste umfassende Rechtssammlung der römischen Geschichte.

Die Rezeption des Römischen Rechts in Mittelalter und Neuzeit

Zur **Völkerwanderungszeit** verschmolzen viele römische Rechtssätze mit den germanischen Stammesrechten. Der Respekt der Germanen vor den juristischen Leistungen der Römer zeigte sich darin, dass Handschriften des Corpus Iuris Civilis überliefert wurden.

Im **Hochmittelalter** setzten sich ausgehend von der Universität in Bologna Rechtsgelehrte aus ganz Europa mit dem Römischen Recht auseinander. Die deutsch-römischen Kaiser verstanden sich als Erben des antiken Rechtssystems und nutzten dieses zur Legitimation und Definition ihrer Herrschaftsgewalt.

Im 1495 eingesetzten **Reichskammergericht** wurde nach Römischem Recht geurteilt, das im ganzen Reich gelten sollte. So wurden Regionalrechte überformt oder verdrängt.

Ende des 16. Jahrhunderts kam es zum **ersten Gesamtdruck des Römischen Rechts**, das später zur Grundlage neuer Gesetzessammlungen wurde. Der unter Napoleon erarbeitete **Code Civil** (1804) stellte die Grundlage des kontinental-europäischen Rechts dar und stand wie das **Bürgerliche Gesetzbuch** (1900) in der Tradition des römischen Rechts.

1.4 Die Bewahrung antiken Wissens

Christentum und antik-heidnische Bildung

Seit 391/392 stellte das Christentum die **Staatsreligion** im Römischen Reich dar, während alle heidnischen Kulte verboten worden waren. Die Frage nach dem richtigen Umgang mit dem heidnischen Erbe polarisierte.

Kirchenvater **Hieronymus** (347–419) sorgte sich z. B. um die Verführung von Christen durch heidnische Literatur. Der Schriftsteller und Staatsmann **Cassiodor** (ca. 485–580) plädierte dagegen für eine Verschmelzung des traditionellen antiken Wissens mit christlicher Bildung.

Die Bedeutung der Klöster

Im Mittelalter wurden Klosterbibliotheken zu **Wissenszentren**. Reisende Missionare brachten „heidnische Werke" mit. Gelehrte Mönche stellten Abschriften der wichtigsten antiken Werke her. So wurde die **antike Tradition für die Nachwelt** aufbewahrt. Dieses Wissen bildete die Grundlage der seit dem 12. Jahrhundert entstehenden Universitäten.

2 Trennung von weltlicher und geistlicher Gewalt

2.1 Der Monarch als Priesterkönig

Nach der mittelalterlichen Vorstellung hatte das Königtum einen **sakralen Charakter**. Der Herrscher als *rex et sacerdos* (König und Priester) galt als Stellvertreter Gottes auf Erden. Weihe und Salbung verdeutlichten diese religiöse Legitimation (**Gottesgnadentum**).

Die Verbindung von weltlicher und geistlicher Gewalt

Papst	König bzw. Kaiser
• Mitwirkung bei Krönung und Salbung des Kaisers in Rom • Einsetzung von Bischöfen	• Schutzherr von Papst und Kirche • Mitwirkung bei Auswahl und Einsetzung von Bischöfen • Indienstnahme der Kirche in Verwaltung und Politik („Reichskirche")

2.2 Die kirchliche Reformbewegung

Das Kloster Cluny in Burgund stieß eine innerkirchliche Reform an, die eine Rückbesinnung auf geistliche Werte forderte.

Gegen	Für
• Ämterkauf (Simonie)	• Konzentration auf Seelsorge
• Vergabe von Kirchenämtern an Laien	• Ideal der kirchlichen Armut
• Bischofseinsetzungen durch den König	• Trennung der weltlichen und geistlichen Sphäre
• Priesterehe	

2.3 Der Investiturstreit (11./12. Jahrhundert)

Die Einsetzung eines Bischofs in sein Amt wird als **Investitur** bezeichnet. Im Investiturstreit stritten Papst und König um das Recht der Einsetzung von Bischöfen und darüber hinaus um die Frage, wer die größere Macht bzw. den Vorrang hat. Mit dem 1073 zum Papst gewählten **Gregor VII.** wurde aus der Rivalität zwischen König und Papst eine offene Auseinandersetzung.

Positionen im Investiturstreit

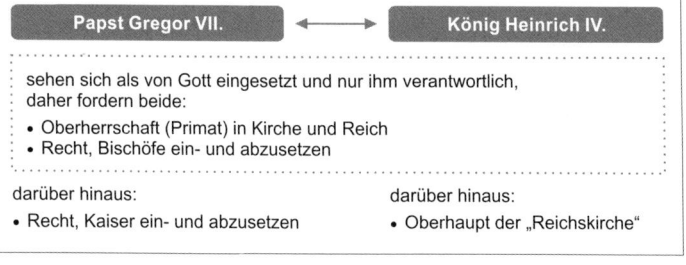

Papst Gregor VII. ⟷ König Heinrich IV.

sehen sich als von Gott eingesetzt und nur ihm verantwortlich, daher fordern beide:
• Oberherrschaft (Primat) in Kirche und Reich
• Recht, Bischöfe ein- und abzusetzen

darüber hinaus:
• Recht, Kaiser ein- und abzusetzen

darüber hinaus:
• Oberhaupt der „Reichskirche"

Verlauf des Investiturstreits

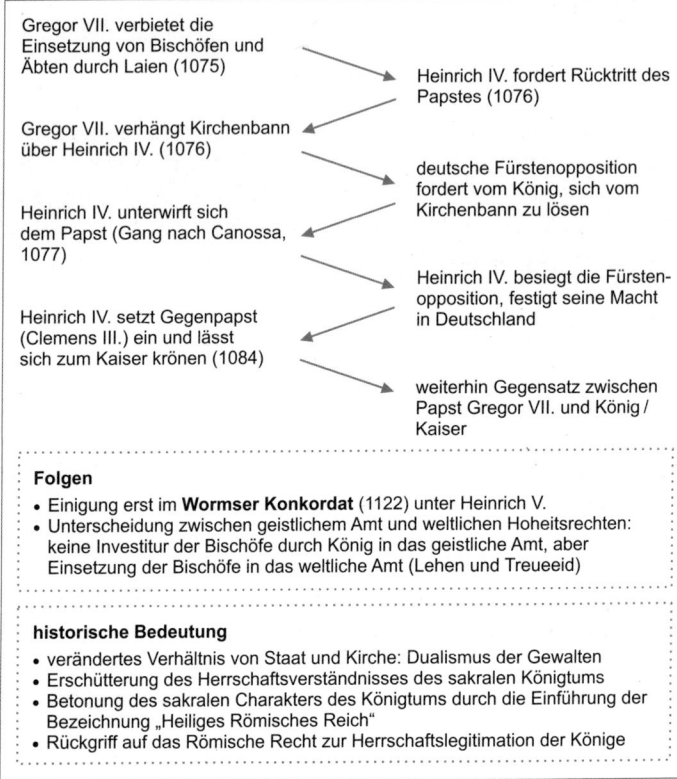

Gregor VII. verbietet die Einsetzung von Bischöfen und Äbten durch Laien (1075)

→ Heinrich IV. fordert Rücktritt des Papstes (1076)

Gregor VII. verhängt Kirchenbann über Heinrich IV. (1076)

→ deutsche Fürstenopposition fordert vom König, sich vom Kirchenbann zu lösen

Heinrich IV. unterwirft sich dem Papst (Gang nach Canossa, 1077)

→ Heinrich IV. besiegt die Fürstenopposition, festigt seine Macht in Deutschland

Heinrich IV. setzt Gegenpapst (Clemens III.) ein und lässt sich zum Kaiser krönen (1084)

→ weiterhin Gegensatz zwischen Papst Gregor VII. und König / Kaiser

Folgen
- Einigung erst im **Wormser Konkordat** (1122) unter Heinrich V.
- Unterscheidung zwischen geistlichem Amt und weltlichen Hoheitsrechten: keine Investitur der Bischöfe durch König in das geistliche Amt, aber Einsetzung der Bischöfe in das weltliche Amt (Lehen und Treueeid)

historische Bedeutung
- verändertes Verhältnis von Staat und Kirche: Dualismus der Gewalten
- Erschütterung des Herrschaftsverständnisses des sakralen Königtums
- Betonung des sakralen Charakters des Königtums durch die Einführung der Bezeichnung „Heiliges Römisches Reich"
- Rückgriff auf das Römische Recht zur Herrschaftslegitimation der Könige

Auf dem Weg zum modernen Staat, der durch die **Trennung von Staat und Kirche** geprägt ist, stellte der Investiturstreit somit eine wichtige Zäsur dar.

3 Wurzeln des modernen Föderalismus im Alten Reich

3.1 Die Bezeichnung „Altes Reich"

In der Wissenschaft wird der Begriff „**Altes Reich**" oft anstelle der zeitgenössischen Bezeichnung „Heiliges Römisches Reich Deutscher Nation" verwendet. (Das Attribut „alt" dient dabei der Abgrenzung zum 1871 gegründeten Deutschen Kaiserreich.) Das Alte Reich verstand sich als Fortführung des antiken römischen Kaiserreichs und betonte durch das Adjektiv „heilig" seine sakrale Ausstrahlung. Es endete 1806 als Folge der Napoleonischen Kriege.

3.2 Der Charakter des Alten Reichs

Der **Kaiser** stand als oberster Lehnsherr an der Spitze des Reichs, das aus **reichsunmittelbaren Ständen** gebildet wurde. Dabei handelte es sich um jene Reichsglieder, die keinem Landesherrn, sondern direkt dem Kaiser unterstanden wie die Kur- und Reichsfürsten, die Reichsprälaten und die Reichsstädte. Zudem hatten sie Sitz und Stimme auf dem Reichstag. Den Reichsständen untergeordnet waren **mediate oder landsässige Stände**, die sich somit zum Kaiser nur in einem mittelbaren Verhältnis befanden.

Struktur	• Personenverband: loser Verbund heterogener Reichsglieder unter dem Kaiser als Oberhaupt • hierarchisch strukturierter Lehensverband, aus dem sich seit dem 15. Jhd. in Ansätzen moderne Staatlichkeit entwickelte • dezentral, föderativ • ständisch-korporativ • defensiv ausgerichtet • keine Trennung der religiösen und politischen Ordnung • keine von den Reichsständen unabhängige Exekutivgewalt
Aufgaben/Ziele	• Rechtswahrung • Friedenssicherung • gemeinsame Verwaltung (u. a. Steuern)
Rechtsgrundlage	• keine Verfassung im heutigen Sinn • Gewohnheitsrechte und Tradition • Reichsgrundgesetze

3.3 Verfassungsgeschichtliche Zäsuren

Auch wenn des Alte Reich nicht über eine Verfassung im modernen staatsrechtlichen Sinne verfügte, wurden im Verlauf seiner Existenz doch einige **Reichsgrundgesetze** erlassen, die das Zusammenleben und die politische Teilhabe der einzelnen Stände regelten.

Goldene Bulle (1356)	Bestimmungen zur Königswahl: • Wahl durch Kurfürsten (nach Mehrheitsprinzip) • Festlegung der Zusammensetzung des Kurfürstengremiums und der jeweiligen Rechte der Kurfürsten
Reichstag von Worms (1495)	• „Ewiger Landfrieden" mit Allgemeinem Fehdeverbot und Einrichtung des Reichskammergerichts
Augsburger Religionsfrieden (1555)	• religionspolitischer Kompromiss zwischen den katholischen und evangelischen Reichsständen • Reformationsrecht für die Landesherren • Pflicht der Untertanen, die Konfession des Landesherrn anzunehmen oder auszuwandern
Wahlkapitulationen (1519–1792)	• Forderungskatalog der Kurfürsten, der ihrem Kaiserkandidaten vor der Wahl vorgelegt wurde • Pflicht des Kandidaten zur Erfüllung der Forderungen nach seiner Wahl • Festlegung der Kompetenzen und Machtbefugnisse des Kaisers
Westfälischer Frieden (1648)	• endgültige Festlegung der Rechte der Reichsstände • Einführung der konfessionellen Parität in den Reichsinstitutionen • souveräne Landesherrschaft und Bündnisrecht für Reichsstände mit Ausnahmen von Bündnissen gegen Kaiser und Reich • Stärkung der föderativen Struktur des Reichs und Verhinderung absolutistischer Tendenzen

3.4 Der Reichstag als zentrale Institution

Der **Reichstag** war das wichtigste Verfassungsorgan des Alten Reichs. Seit 1648 setzte er sich aus drei gleichberechtigten Kollegien (**Kurien**) zusammen: den Kurfürsten, den Fürsten und den Reichsstädten.

Die Arbeitsweise des Reichstags

Die drei Kurien berieten sich getrennt über die Tagesordnungspunkte und suchten nach einem Konsens. Wenn die ersten beiden Kurien in ihren Mehrheiten übereinstimmten, wurde der Städtekurie lediglich das Ergebnis mitgeteilt. Die von der Reichstagsmehrheit beschlossenen und vom Kaiser ratifizierten **Reichsgesetze** waren für alle Reichsstände bindend.

Zunächst wurde der Reichstag an wechselnden Tagungsorten einberufen, von 1663 bis 1806 wurde er in Regensburg als „**Immerwährender Reichstag**" zu einer Dauereinrichtung.

Unterschiede Immerwährender Reichstag – Bundestag

Immerwährender Reichstag	Deutscher Bundestag
• Vertretung der Reichsstände, d. h. einer privilegierten Minorität • vom jeweiligen Landesherrn bestimmte Gesandte • weisungsgebundene Bevollmächtigte, die die Interessen ihres Landesherrn vertreten • horizontal-ständische sowie vertikalkonfessionelle Gliederung • unbegrenzte Tagungsdauer (bis zur Auflösung des Alten Reichs 1806)	• Vertretung des gesamten Volks • vom Volk durch allgemeine, unmittelbare, freie, gleiche und geheime Wahlen gewählte Repräsentanten • Abgeordnete mit freiem Mandat, die die Interessen des gesamten Volks vertreten • Zusammenschluss in Fraktionen oder Gruppen • Legislaturperiode von vier Jahren

4 Wandel des Denkens durch die Aufklärung

4.1 Menschenbild der Aufklärung

Nach dem berühmten Philosophen Immanuel Kant (1724–1804) sollte der aufgeklärte Mensch in der Lage sein, selbst zu denken und Dinge kritisch zu hinterfragen. **Vernunft und Kritik** wurden zu Schlüsselbegriffen einer Bewegung, die von der Möglichkeit der Vervollkommnung des Menschen, aber auch der Veränderbarkeit und Verbesserungsfähigkeit der politisch-sozialen Ordnung ausging.

Zwei philosophische Richtungen definierten unterschiedliche Wege zur wissenschaftlichen Erkenntnis:
- **Rationalismus:** Vernunft als Hauptquelle der Erkenntnis
- **Empirismus:** Erkenntnisgewinn durch Erfahrung (Naturbeobachtung, Experimente)

Dem Denken der Aufklärung lag ein neues und **optimistisches Bild vom Menschen** zugrunde. Alle Menschen wurden als gleich und frei betrachtet, zudem ausgestattet mit dem Willen und der Fähigkeit zum vernünftigen Handeln, das zur freien Entfaltung des Einzelnen und zum Fortschritt der gesamten Menschheit beiträgt.

4.2 Die Menschenrechte

Menschenrechte stehen allen Menschen zu, während **Bürgerrechte** nur von den Bürgern eines Landes wahrgenommen werden können. Beide werden zusammengefasst unter dem Begriff **Grundrechte**. Die Menschenrechte ließen sich „vernünftig" aus dem Naturrecht ableiten. Im Zuge der Revolutionen des 18. Jahrhunderts fanden sie Eingang in **Verfassungen** (Präambel der amerikanischen Unabhängigkeitserklärung 1776; Französische Erklärung der Menschenrechte 1789).

4.3 Theoretische Modelle der Staatsorganisation

Die Staatstheorien der Aufklärung wandten sich gegen die Legitimation von Herrschaft mithilfe des **Gottesgnadentums**.

Naturrecht und Gesellschaftsvertrag

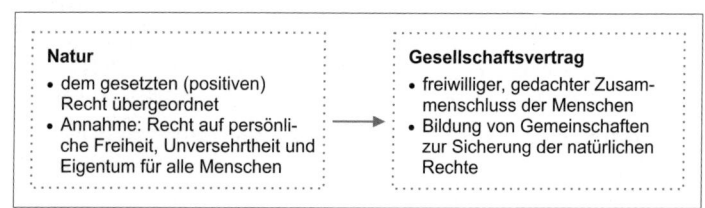

Natur
- dem gesetzten (positiven) Recht übergeordnet
- Annahme: Recht auf persönliche Freiheit, Unversehrtheit und Eigentum für alle Menschen

Gesellschaftsvertrag
- freiwilliger, gedachter Zusammenschluss der Menschen
- Bildung von Gemeinschaften zur Sicherung der natürlichen Rechte

Gewaltenteilung

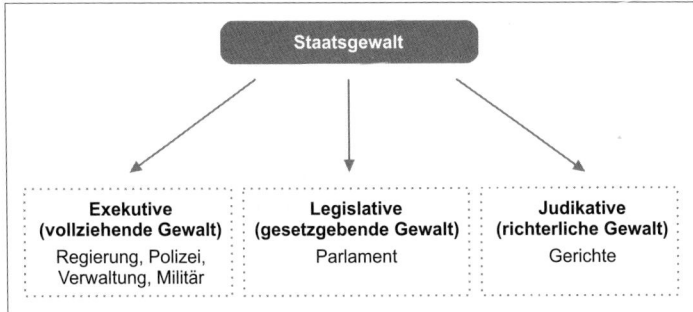

4.4 Wichtige Theoretiker der Aufklärung

	John Locke (1632–1704)	Charles de Montesquieu (1689–1755)	Jean-Jacques Rousseau (1712–1778)
Problem-stellung	Zerstörung von Freiheit und Gleichheit im Naturzustand durch unvernünftige Menschen	• Erreichen größt-möglicher Freiheit für den Menschen • Verhindern von Machtmissbrauch	• Verderben des frei und autark leben-den Menschen durch Zivilisation • Unfreiheit durch Eigentum und gesellschaftliche Unterschiede
Lösung	• Gesellschaftsver-trag: Gemein-schaftsbildung mit Gewaltenteilung • Widerstandsrecht bei Machtmiss-brauch → Sicherung von Leben, Freiheit und Besitz	Verteilung der Staatsgewalt auf drei voneinander unabhängige Ge-walten, die sich gegenseitig kontrol-lieren	• Gesellschaftsver-trag: Wiederher-stellung der Frei-heit durch Volks-souveränität ohne Gewaltenteilung • Orientierung am „Gemeinwillen" • keine Repräsenta-tivversammlung (z. B. Parlamente) oder Parteien • Volksabstim-mungen

„Volk" und „Nation" als Identifikationsmuster

1 Begrifflichkeiten

Volk ist ursprünglich die Bezeichnung für eine größere Menge von Menschen, die sich zu kriegerischer Aktivität zusammenschloss. Seit Beginn der Neuzeit dominiert das Verständnis als Sprach- bzw. Kulturgemeinschaft.

Der vielschichtige Begriff der **Nation** steht im Allgemeinen für eine Gemeinschaft von Menschen mit gleicher Abstammung, gleicher Sprache, Geschichte und Kultur, die sich als zusammengehörig begreifen und die ein politisches Staatswesen bilden (wollen).
Wesentliches Merkmal der Vorstellung der Nation ist häufig die Gemeinsamkeit der Erinnerung und der Erfahrung der Vergangenheit. Darauf beruht das Selbstverständnis und Handeln ihrer Angehörigen. Mittels Geschichte wird eine generationenübergreifende Gemeinschaft konstruiert.

Als **Nationalismus** bezeichnet man das erwachende Selbstbewusstsein einer sich als zusammengehörig fühlenden Gemeinschaft, die die Gründung eines Nationalstaats und eine Identifikation mit der Nation anstrebt.
In Deutschland wird der Begriff heutzutage als Folge der beiden maßgeblich von Deutschland verursachten Weltkriege meist abwertend verwendet. Man versteht darunter eine **Ideologie**, die die Eigenschaften der eigenen Gemeinschaft idealisiert, intolerant ist und sich aggressiv von anderen Gemeinschaften abgrenzt.
Das „Lange 19. Jahrhundert", die Zeitspanne von der Französischen Revolution (1789) bis zum Ersten Weltkrieg (1914/18), gilt als **Zeitalter des Nationalismus**, der in dieser Epoche nach innen eine sehr große Integrationskraft besaß und nach außen die Abgrenzung zwischen den Völkern förderte.

2 „Volk" als Konstrukt eines Geschichtsbilds

2.1 Nationale Vergangenheitskonstruktion durch historische Ursprungsmythen

Unter „**Erfindung der Tradition**" versteht man die bewusste Konstruktion fiktiver, in die Vergangenheit zurückprojizierter Traditionen, um gegenwärtige Zustände, Normen und Werte sowie politische Ziele zu legitimieren. Damit soll den Mitgliedern bzw. Sympathisanten der jeweiligen Nationalbewegung ein Identifikationsangebot gemacht werden. Häufig versuchen Staaten und Gesellschaften, Kontinuitäten zu als vorbildhaft begriffenen Zeiten herzustellen und idealisierende **Ursprungsmythen** zu schaffen.

2.2 Arminius/Hermann – die Entstehung des Mythos

Das Germanenbild des Tacitus

9 n. Chr. erlitt der römische Oberbefehlshaber Publius Quinctilius Varus eine verheerende Niederlage in einer Schlacht gegen verbündete germanische Stämme, die von dem cheruskischen Fürsten Arminius angeführt wurden. Von dem einflussreichen römischen Geschichtsschreiber Tacitus wurde Arminius als „**Befreier Germaniens**" gefeiert. Tacitus wollte den aus seiner Sicht dekadenten Römern einen Spiegel vorhalten und pries die Germanen als „unverdorbenes Naturvolk", das sich durch Treue, Tapferkeit, Aufrichtigkeit und Freiheitsliebe auszeichnete. Im Mittelalter gerieten Tacitus' Schriften in Vergessenheit, erst in der Renaissance wurden sie wiederentdeckt. Deutsche Gelehrte entwickelten von ihnen ausgehend die Annahme eines homogenen „germanischen" Volks, das sich zur deutschen Nation weiterentwickelt hätte und über spezifisch deutsche Tugenden verfüge. Arminius (übersetzt als „Hermann") sei demzufolge ein deutscher Nationalheld.

Der Mythos des Arminius/Hermann im 19. und 20. Jahrhundert

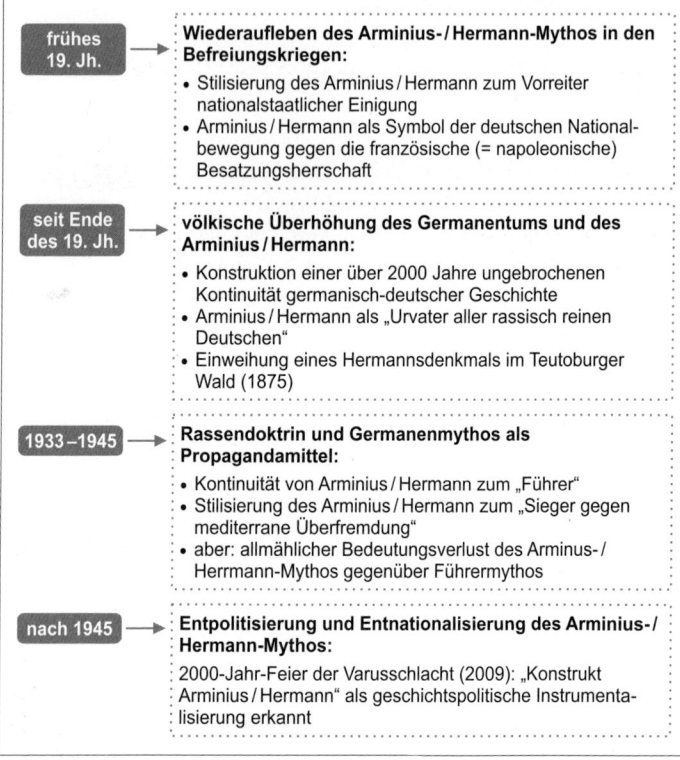

frühes 19. Jh.	→	**Wiederaufleben des Arminius-/Hermann-Mythos in den Befreiungskriegen:**
		• Stilisierung des Arminius/Hermann zum Vorreiter nationalstaatlicher Einigung
		• Arminius/Hermann als Symbol der deutschen Nationalbewegung gegen die französische (= napoleonische) Besatzungsherrschaft

seit Ende des 19. Jh.	→	**völkische Überhöhung des Germanentums und des Arminius/Hermann:**
		• Konstruktion einer über 2000 Jahre ungebrochenen Kontinuität germanisch-deutscher Geschichte
		• Arminius/Hermann als „Urvater aller rassisch reinen Deutschen"
		• Einweihung eines Hermannsdenkmals im Teutoburger Wald (1875)

1933–1945	→	**Rassendoktrin und Germanenmythos als Propagandamittel:**
		• Kontinuität von Arminius/Hermann zum „Führer"
		• Stilisierung des Arminius/Hermann zum „Sieger gegen mediterrane Überfremdung"
		• aber: allmählicher Bedeutungsverlust des Arminus-/ Hermann-Mythos gegenüber Führermythos

| nach 1945 | → | **Entpolitisierung und Entnationalisierung des Arminius-/ Hermann-Mythos:** |
| | | 2000-Jahr-Feier der Varusschlacht (2009): „Konstrukt Arminius/Hermann" als geschichtspolitische Instrumentalisierung erkannt |

2.3 Arminius/Hermann – die historischen Fakten

Mythos	Fakten
• Sieg der „Germanen" in der „Schlacht im Teutoburger Wald"	• genauer Ort der Schlacht unbekannt
• Arminius als germanischer Nationalheld	• Arminius als cheruskischer Stammesfürst aus einer römerfreundlichen Familie, diente im römischen Heer
• Freiheitskampf des „germanischen Volks"	• keine kollektive Freiheitsbewegung germanischer Stämme
• Verhinderung der römischen Fremdherrschaft im mittleren und nördlichen Deutschland	• „Germanen" als pauschale Fremdbezeichnung der Römer, wohl keine Eigenbezeichnung
• „Germanen" als aufrichtiges und freiheitsliebendes Volk	• Ermordung von Arminius im Rahmen einer familiären Intrige

3 Moderne Nationsvorstellungen und Nationalstaatsbildung

3.1 Staatsbürger oder Volk? Unterschiedliche Konzepte von „Nation"

Staatsbürgernation	Volksnation
• Territorialprinzip (politisch): einheitliches Staatsgebiet • Verwirklichung der revolutionären Ideen des Volks: Freiheit, Gleichheit, Brüderlichkeit (Solidarität) • Verfassungspatriotismus: Identifikation der Bürger mit dem Staat • z. B. Frankreich um 1789	• Abstammungsprinzip (ethnisch): Blutsrecht, eigene Kultur (v. a. Sprache) und Religion • Prinzip möglichst großer Homogenität • verschworene Schicksalsgemeinschaft, die sich gegenüber anderen Nationen abgrenzt • Sakralisierung der Heimat • z. B. Deutschland im 19. Jahrhundert

3.2 Nationalismus als antiständische Integrationsideologie in Frankreich

Der Begriff „**antiständische Integrationsideologie**" verweist darauf, dass sich die Loyalitäten der Menschen im Zuge der Französischen Revolution änderten. An die Stelle der Idee des mit seinem eigenen Stand (Adel, Klerus, Dritter Stand) verbundenen Untertanen trat die Vorstellung der Nation als politische und soziale Gemeinschaft aller rechtsgleichen Staatsbürger.

Die Ursachen der Französischen Revolution

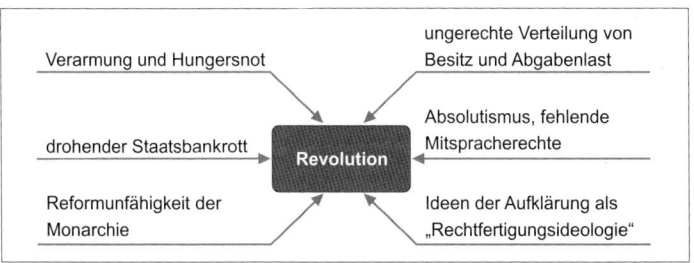

Verarmung und Hungersnot

ungerechte Verteilung von Besitz und Abgabenlast

drohender Staatsbankrott → **Revolution** ← Absolutismus, fehlende Mitspracherechte

Reformunfähigkeit der Monarchie

Ideen der Aufklärung als „Rechtfertigungsideologie"

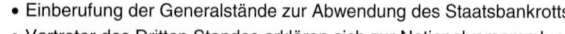

Wichtige Etappen der Französischen Revolution

- Einberufung der Generalstände zur Abwendung des Staatsbankrotts
- Vertreter des Dritten Standes erklären sich zur Nationalversammlung („**Ballhausschwur**")
- 14. Juli 1789: **Sturm auf die Bastille**, Volksaufstände im ganzen Land
- **Aufhebung Privilegien** der ersten beiden Stände
- 26. August 1789: Erklärung der **Menschen- und Bürgerrechte**
- 1791: Annahme der Verfassung („**konstitutionelle Monarchie**")
- 1792: Abschaffung der Monarchie; Proklamation der **Republik**
- 21. Januar 1793: Hinrichtung von König Ludwig XVI.
- 1793/94: Schreckensherrschaft der Jakobiner unter Robesspierre
- 1794: Sturz Robbespierres → Ende der Schreckensherrschaft
- 1795: Herrschaft des Direktoriums
- 1799: **Staatsstreich Napoleons** → Ende der Revolution

Die Bedeutung der Französischen Revolution

| Absolutismus Ständegesellschaft | → | „Ideen von 1789" Freiheit Gleichheit Brüderlichkeit | → | nationale Gemeinschaft Staatsbürgernation |

Der „Export" der „Ideen von 1789"

Das revolutionäre Frankreich führte bis 1815 zahlreiche Kriege gegen europäische Mächte wie Österreich, Preußen oder Russland. Ging es diesen darum, den Einfluss der Revolution einzudämmen, verband sich aufseiten Frankreichs der Nationalgedanke mit einem Gefühl der Überlegenheit und revolutionärem Sendungsbewusstsein. Auf dem Höhepunkt von Napoleons Macht befanden sich weite Teile Europas in Abhängigkeit von Frankreich oder waren von Frankreich besetzt. So gelangten die revolutionären Ideale auch in die deutschen Staaten.

3.3 Probleme der Nationalstaatsbildung in Deutschland

Die Ausgangslage …

- Attraktivität der „Ideen von 1789" für viele Deutsche
- Reformen nach französischem Vorbild in Preußen und in den von Napoleon abhängigen Rheinbundstaaten

- Verlust der politischen Einheit mit Ende des „Alten Reichs" 1806
- Ablehnung der französischen Fremdherrschaft durch viele Deutsche

... und ihre Konsequenzen für die Nationalbewegung

- Modell der Staatsnation wegen fehlender politischer Einheit nicht funktionsfähig
- Idee der Volks- bzw. Kulturnation als Motor der Nationalbewegung

Der Weg zum deutschen Nationalstaat

französische Fremdherrschaft (um 1800)	• wachsendes Gefühl nationaler Verbundenheit in den verschiedenen deutschen Territorien • zunehmender Franzosenhass • Befreiungskriege – „Völkerschlacht" bei Leipzig (1813)
Deutscher Bund (ab 1815)	• Restauration: Unterdrückung nationaler Bestrebungen durch die Einzelstaaten des Bunds • Monarchen gegen Aufgabe ihrer Souveränitätsrechte und Beschränkung ihrer Macht durch Volksvertretungen • wachsender Nationalismus im Volk (z. B. Wartburgfest 1817, Hambacher Fest 1832) • reaktionäre Politik, z. B. durch Zensurmaßnahmen („Karlsbader Beschlüsse" 1819)
Revolution 1848/49	• Aufstände gegen die regierenden Fürstenhäuser • Träger: Bürgertum, Arbeiterschicht • Forderung: einheitliches und demokratisch verfasstes Deutschland • Scheitern an Widerständen der Obrigkeit (v. a. Österreich, Preußen) und an Uneinigkeit der Träger der Revolution • aber: Bildung liberaler Regierungen, Wahlen zur Nationalversammlung, Verfassungsentwurf, Stärkung des Nationalismus
Dualismus Österreich/ Preußen	• Rivalität zwischen den beiden deutschen Großmächten • „Einigungskriege" 1864 und 1866 • Auflösung des Deutschen Bunds • Ausgrenzung Österreichs durch Verzicht auf „großdeutsche Lösung"
Reichsgründung 1871	• Deutsch-Französischer Krieg 1870/71 • Proklamation des preußischen Königs zum deutschen Kaiser Wilhelm I. in Versailles • „Revolution von oben": kleindeutsche Reichsgründung als Folge der Politik der preußischen Regierung unter Bismarck

Probleme der deutschen Nationalstaatsbildung

- Ausschluss großer deutschsprachiger Bevölkerungsgruppen (z. B. Österreich) durch Konzept der „**kleindeutschen Lösung**"
- konfliktträchtige Annexion **Elsass-Lothringens**
- schwierige Integration nationaler Minderheiten (Franzosen im Westen, Dänen im Norden, Polen im Osten)
- Vergiftung des Verhältnisses zum Nachbarn und Rivalen Frankreich
- Kaiserreich kein Ausdruck der Volkssouveränität, sondern Bund deutscher Fürsten und Städte

4 Deutsch-französisches Verhältnis im 19./ 20. Jh.

4.1 Die Funktion von nationalen Selbst- und Fremdbildern

Nationale Selbst- und Fremdbilder sind identitätsstiftend, indem sie die nationale Gemeinschaft stärken und im Inneren integrativ wirken. Dabei kann der Nationalismus den Charakter einer **Ersatzreligion** annehmen, die die Hingabe aller fordert und sich mit der Vorstellung der eigenen **Auserwähltheit** sowie einem Sendungsbewusstsein verbindet. Mit der Aufwertung der eigenen Nation korrespondiert eine Abgrenzung nach außen, die sich in der Abwertung anderer Nationen und in Form von Fremdenfeindlichkeit äußern kann.

4.2 Vorgeschichte: Eckdaten des deutsch-französischen Verhältnisses in Mittelalter und Früher Neuzeit

842 / 843 ➡️ **karolingische Reichsteilung**

Vertrag von Verdun: Dreiteilung des Frankenreichs unter den Enkeln Karls des Großen in ein Westfrankenreich (später: Frankreich), ein Ostfrankenreich (später: Deutschland) und Loth(a)ring(i)en (Elsass-Lothringen)

↓

- Entstehung geschlossener Staatsgebilde mit eigenständigen, offiziellen Sprachen (Französisch und Deutsch)
- gegensätzliche politische Verfasstheit (Frankreich als Zentralstaat, Deutschland als föderales Staatswesen)

16. Jh. ➡️ **Auseinandersetzung um die geistige und politische Führung in Europa**

Konkurrenz der Könige Franz I. (Frankreich) und Karl V. (Deutschland) um die Universalmonarchie

17. Jh. ➡️ **unversöhnliche Rivalität**

Expansionen des frz. Königs Ludwig XIV. in deutsche Territorien (Elsass, Kurpfalz)

18. Jh. ➡️ **Annäherung der Nachbarländer**

- enger Kulturtransfer
- Vorbild des Französischen (Sprache der Diplomatie)

4.3 Eskalation der deutsch-französischen Rivalität im Zuge der Verschärfung des Nationalismus

Das Franzosenbild in Deutschland

Anfangs wurde die Französische Revolution von Teilen der deutschen Intelligenz begrüßt. Frankreich galt ihnen als Vorreiter aufgeklärter Ideale und politischer Freiheiten. Im Zuge der Gewaltexzesse in der französischen Innen- und Außenpolitik sowie der als schmachvoll empfundenen Unterlegenheit gegenüber Napoleon wuchsen jedoch die Ressentiments gegen Frankreich. Ein regelrechter **Franzosenhass** entstand, der zur Zeit der Befreiungskriege hohe Wellen schlug und weite Teile der deutschen Bevölkerung mobilisierte.

Andererseits blieb **Frankreich** für viele Intellektuelle als **Hüterin der Freiheit** ein Vorbild. Dies galt v. a. in den von Napoleon abhängigen Rheinbundstaaten. Nach dem Ende der napoleonischen Herrschaft verliehen die Revolutionen in Frankreich (1830 und 1848) freiheitsliebenden Denkern in ganz Europa wichtige Impulse.

Das Deutschlandbild in Frankreich

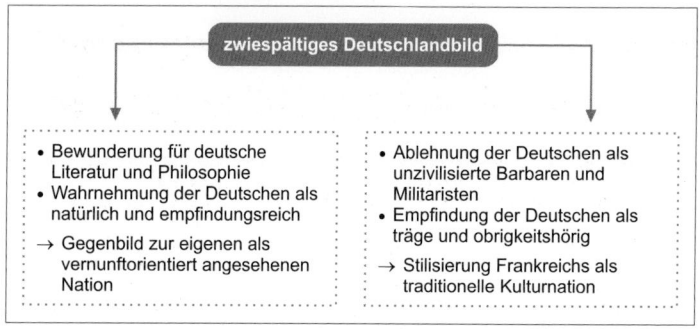

zwiespältiges Deutschlandbild

- Bewunderung für deutsche Literatur und Philosophie
- Wahrnehmung der Deutschen als natürlich und empfindungsreich

→ Gegenbild zur eigenen als vernunftorientiert angesehenen Nation

- Ablehnung der Deutschen als unzivilisierte Barbaren und Militaristen
- Empfindung der Deutschen als träge und obrigkeitshörig

→ Stilisierung Frankreichs als traditionelle Kulturnation

4.4 Die „Erbfeindschaft" (1871–1945)

Die Demütigung Frankreichs

Die französische **Niederlage im Krieg** gegen den Norddeutschen Bund und die verbündeten süddeutschen Staaten, die deutsche Kaiserproklamation in Versailles, der Verlust Elsass-Lothringens wirkten demütigend auf Frankreich. Hinzu kam die gewachsene **wirtschaftliche Überlegenheit Deutschlands**. In der Folge verstärkten sich in Frankreich antideutsche Ressentiments. Die Forderung nach Wiedergewinnung der verloren gegangenen Gebiete dominierte politische Debatten und war Gegenstand des Schulunterrichts.

Das Konstrukt der „Erbfeindschaft"

Zur propagandistischen Vorbereitung des Kriegs gegen Frankreich war – im Widerspruch zu den historischen Fakten – die Ideologie einer „**Erbfeindschaft**" genutzt worden, deren Wurzeln im Mittelalter lägen und die sich stets erneuere. Auch nach dem Sieg über Frankreich bestimmte dieses Konstrukt die nationalistische Propaganda, weil klar war, dass Frankreich sich nicht mit seiner Demütigung abfinden und eine zentrale außenpolitische Bedrohung darstellen würde. Im Zuge des Siegs über Frankreich entwickelte sich die Vorstellung von einem „**deutschen Sonderweg**, dessen „Revolution von oben" eine militärische und politische Überlegenheit Deutschlands gegenüber dem liberalen Frankreich bewiesen habe. Résistance

Das deutsch-französische Verhältnis zwischen 1914 und 1945

Erster Weltkrieg	Zwischenkriegszeit	Zweiter Weltkrieg
• Kriegsbeginn: vielfach nationalistische Euphorie und Kriegsbegeisterung → nationalistische Parolen: „Jeder Stoß ein Franzos'" • Stilisierung des Kriegs als nationalen Existenzkampf • Krieg als Kampf der Wertesysteme und Zivilisationen	• bei Kriegsende: Wunsch nach Revanche aufseiten Frankreichs → harte Bestimmungen des Versailler Vertrags • Ablehnung des Vertrags in Deutschland und Forderung nach Revision • Ressentiments gegen Frankreich durch „Ruhrkampf" • Aber: Verständigungspolitik von Stresemann und Briand → u. a. Vertrag von Locarno 1925	• ideologisches Wiederaufgreifen der „Erbfeindschaft" durch Hitler • Überfall auf Frankreich (1940) und Niederwerfung → Reaktionen Frankreichs:

Erster Weltkrieg:
/ \
Feindbild des rohen und barbarischen Deutschen in Frankreich — Diffamierung der Franzosen als verweichlichte Schöngeister in Deutschland

Zweiter Weltkrieg:
/ \
„Collaboration" — „Résistance"
→ Spaltung der französischen Gesellschaft

5 Europa nach 1945: Die Überwindung der nationalistischen Konfrontation

5.1 Die Teilung Europas (1945–1947)

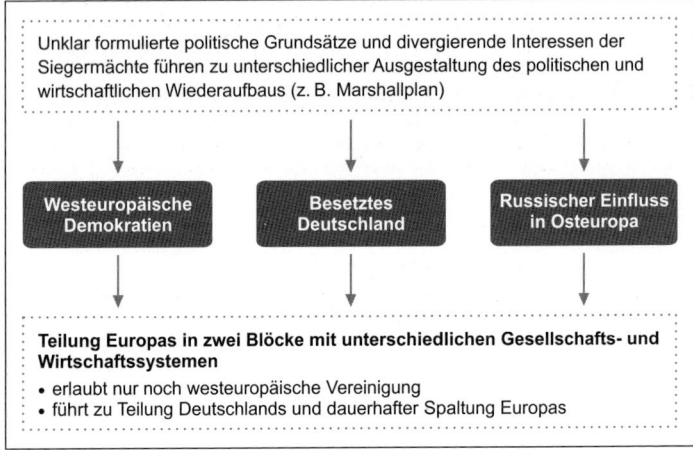

Unklar formulierte politische Grundsätze und divergierende Interessen der Siegermächte führen zu unterschiedlicher Ausgestaltung des politischen und wirtschaftlichen Wiederaufbaus (z. B. Marshallplan)

Westeuropäische Demokratien

Besetztes Deutschland

Russischer Einfluss in Osteuropa

Teilung Europas in zwei Blöcke mit unterschiedlichen Gesellschafts- und Wirtschaftssystemen
• erlaubt nur noch westeuropäische Vereinigung
• führt zu Teilung Deutschlands und dauerhafter Spaltung Europas

5.2 Motive für die europäische Einigung

Nach dem Zweiten Weltkrieg bemühten sich die Westalliierten zunächst um die wirtschaftliche Verflechtung mit dem westdeutschen Teilstaat, die bald auch zu einer **politischen Einbindung der Bundesrepublik in ein westeuropäisches Bündnissystem** führte. Diesen Anfängen der europäischen Einigung liegen folgende Motive zugrunde:

• Diskreditierung des Nationalismus angesichts des Leids und der materiellen Schäden infolge des Zweiten Weltkriegs

• Schutz vor expansiver Außenpolitik der Sowjetunion

• schwindende Bedeutung der europäischen Staaten im Zuge des Ost-West-Konflikts

• Notwendigkeit des Wiederaufbaus in Europa

• Möglichkeit der Kontrolle Westdeutschlands

5.3 Schritte der europäischen Integration

1948	Gründung des **Europäischen Wirtschaftsrats** zur Verteilung der Mittel aus dem Marshallplan
1949	• Gründung der **NATO** („Nordatlantikpakt") als westliches Verteidigungsbündnis • Gründung des **Europarats** mit Sitz in Straßburg als blockübergreifende Organisation zur Wahrung der Menschenrechte
1951	Gründung der Europäischen Gemeinschaft für Kohle und Stahl **(EGKS)**: • Vorläufer der heutigen Europäischen Union mit den sechs „Gründerstaaten" Deutschland, Frankreich, Italien, Belgien, den Niederlanden und Luxemburg • gemeinsame Industrie- und Wirtschaftspolitik auf dem Gebiet der Montan-Industrie
1950/52	• Plan des französischen Ministerpräsidenten Pleven zur Bildung einer Europäischen Verteidigungsgemeinschaft **(EVG)** unter deutscher Beteiligung • Plan der Aufstellung einer übernationalen westeuropäischen Armee mit Bindung an die NATO
1954/55	nach Ablehnung des Pleven-Plans durch die französische Nationalversammlung: Entstehung der **Westeuropäischen Union** (nationale Truppenverbände unter Oberbefehl der NATO, Betritt der Bundesrepublik zur NATO)
1958	• Inkrafttreten der **Römischen Verträge** zur Gründung der Europäischen Wirtschaftsgemeinschaft **(EWG)** und der Europäischen Gemeinschaft zur friedlichen Nutzung der Atomenergie **(EURATOM)** durch die EGKS-Staaten • **EWG-Vertrag:** gemeinsame Zoll- und Handelspolitik sowie gemeinsame Agrar- und Verkehrspolitik
1967	Schaffung der **EG** durch den Zusammenschluss von EGKS, EWG und EURATOM

5.4 Die deutsch-französische Aussöhnung

Frankreich
- Sorge um eigenen wirtschaftlichen Aufschwung bei erstarkendem deutschen Wirtschaftspotenzial
- Versuch der Minderung von US-Dominanz in Europa
- Bemühen um größere Sicherheit
- Streben nach französischer Führungsrolle in Europa
- Erkenntnis: Gestaltung der Zukunft nur durch friedliche Zusammenarbeit

Bundesrepublik Deutschland
- Streben nach Anerkennung als verlässlicher Partner
- Stärkung des westlichen Bündnisses gegen sowjetische Bedrohung
- Furcht vor einem französisch-russischen Ausgleich
- Erkenntnis: Gestaltung der Zukunft nur durch friedliche Zusammenarbeit

Gründung der EGKS (1951)
Deutsch-französischer Freundschaftsvertrag (22. 1. 1963): zwischenstaatliche Kooperation statt „Erbfeindschaft"

Motor der europäischen Einigung – Vorbild für Europa?

Der Nahe Osten: Historische Wurzeln eines weltpolitischen Konflikts

Als **Nahostkonflikt** bezeichnet man die Auseinandersetzungen zwischen Juden und Arabern um die Region Palästina, die beide Seiten als ihre Heimat betrachten.

1 Jüdisches Selbstständigkeitsstreben im antiken Palästina

1.1 Das jüdische Volk vor der römischen Eroberung

Die Bezeichnung **Juden** steht ursprünglich für die Einwohner von Juda, eines Teilreichs von Israel. Im weiteren Sinn umfasst der Begriff die Angehörigen des gesamten jüdischen Volks und der jüdischen Religion.

Von Abraham bis zum Hellenismus

mythische Ursprünge	• unter „Stammvater" Abraham Wanderung der Hebräer nach Kanaan, Auserwähltheitsgedanke • Sklaverei in Ägypten, Auszug aus Ägypten unter Moses und Rückkehr ins „Gelobte Land", Offenbarung Gottes, Bund • Landnahme in Kanaan, Gründung des Großreichs Israel (um 1020 v. Chr.), Jerusalem als Zentrum der jüdischen Religion
„Babylonische Gefangen-schaft"	• Nordreich Israel als assyrischer Vasallenstaat; Eroberung des Südreichs Juda durch Babylon • Zerstörung des Tempels in Jerusalem und Verschleppung der Juden nach Babylon; • Heimkehr eines Teils der Vertriebenen und Wiederaufbau des Tempels
während des Hellenismus	• Palästina als Teil des Alexanderreichs (ab 332 v. Chr.) • später Herrschaft der Ptolemäer • Hellenisierung und Verbot der Ausübung der jüdischen Religion → Aufstand der Makkabäer (167 v. Chr.) • Herrschaft der Hasmonäer → Judäa wieder souveräner Staat

1.2 Das jüdische Volk unter römischer Herrschaft

63 v. Chr.	• Eingreifen der Römer nach inneren Wirren in Judäa • Eroberung Jerusalems durch Gnaeus Pompeius und Entweihung des Tempelbezirks • jüdischer Staat wird Vasallenstaat Roms
37 v. Chr.	Herodes als „König von Roms Gnaden": brutale Bekämpfung der Gegner, aber Möglichkeit der Religionsausübung für die Juden
6 n. Chr.	• Direkte Unterstellung Judäas unter römische Herrschaft • Missachtung der religiösen Gefühle der Einheimischen durch Römer • Zunahme sozialer Spannungen, Steuerdruck • Entstehen antirömischer revolutionärer Bewegungen
66 n. Chr.	Zelotenaufstand gegen Rom, Beginn des Jüdischen Kriegs
70 n. Chr.	Einnahme Jerusalems unter Titus, Niederschlagung des Aufstands → Plünderung und Zerstörung des Tempels → Judäa wird eigene römische Provinz mit Besatzungstruppe → Verschlechterung der sozialen und rechtlichen Lage der Juden → Auswanderung („Diaspora": Zerstreuung)
130 n. Chr.	Beschluss Kaiser Hadrians, Jerusalem zur römischen Kolonie auszubauen und dort einen Jupitertempel zu errichten
132 n. Chr. – 135 n. Chr.	Bar-Kochba-Aufstand als Folge des Beschlusses; Niederschlagung durch die Römer → Vertreibung vieler Juden → Umbenennung der Provinz in Syria Palaestina → Sperrung des Zugangs nach Jerusalem für Juden → Verlagerung des religiösen Zentrums nach Galileia und Verstärkung der Diaspora
300 n. Chr.	Jüdischer Anteil an der Gesamtbevölkerung der Provinz nur noch bei ca. 25 %
391 n. Chr.	Christentum römische Staatsreligion, weitere Einschränkung des religiösen Lebens der Juden
395 n. Chr.	Palästina Teil des oströmischen Reichs, zunehmende Diskriminierung der Juden
638 n. Chr.	Einnahme Jerusalems durch die muslimischen Araber → Arabisierung und Islamisierung des „Gelobten Landes" → Aufeinandertreffen der drei großen monotheistischen Religionen in Palästina

2 Konflikte zwischen Christen und Muslimen im Zeitalter der Kreuzzüge

2.1 Christen und Juden unter muslimischer Herrschaft

Zwischen dem 7. und 9. Jahrhundert breitete sich der Islam über den Vorderen Orient aus. Zwar konnte sich das Byzantinische Reich gegen eine vollständige arabische Eroberung verteidigen, verlor aber im 7. Jahrhundert die Provinzen Syrien und Palästina. Nach muslimischem Recht wurden Christen und Juden toleriert. Gegen Zahlung einer Kopfsteuer konnten sie relativ frei ihre eigene Religion ausüben und die heiligen Stätten besuchen.

2.2 Die Zeit der Kreuzzüge

Kreuzzugs-aufruf 1095	• Eroberung des Heiligen Lands durch die seldschukischen Türken • Papst Urban II. ruft zu „heiligem Krieg" gegen Muslime auf: Versprechen auf Landgewinn, Sündenerlass, Aussicht auf ewiges Leben
Volkskreuz-züge 1096	• ungeordnete Züge, die Jerusalem nicht erreichen • Plünderungen und Raubzüge, Ausschreitungen gegen Juden
Eroberung Jerusalems 1099	• Einnahme Jerusalems durch vereinigte Kreuzfahrerheere • Massaker an der muslimischen und jüdischen Bevölkerung • Wahl Gottfrieds von Bouillon zum ersten christlichen Herrscher Jerusalems • Entstehen mehrerer Kreuzfahrerstaaten in Palästina • Abendländische Ritter als kleine Herrscherschicht
Ende der Kreuzfahrer-staaten	• Scheitern mehrerer Kreuzzüge zur Sicherung der Kreuzfahrer-staaten trotz zwischenzeitlicher Erfolge • wachsender Widerstand gegen die Herrschaft der „Ungläubigen" aufseiten der muslimischen Bevölkerung • Eroberung Jerusalems durch Sultan Saladin • 1291: muslimische Eroberung des letzten Kreuzfahrerstützpunkts im „Heiligen Land"

2.3 Bilanz der Kreuzzüge

- Verfehlen der Ziele der Kreuzzugsbewegung: kein dauerhafter Bestand der Kreuzfahrerstaaten
- Dominanz machtpolitischer Interessen über religiöse Motive
- vertiefte Kluft zwischen römischer und griechisch-orthodoxer Kirche
- Anwachsen des Antijudaismus
- wachsender religiöser Fanatismus bei Christen und Muslimen
- Verarmung vieler Kreuzritter, die Kosten für Kreuzzug selbst trugen
- Ansehensverlust der Kirche
- Intensivierung der Kontakte zwischen Orient und Okzident

3 Konflikte bis zur Gründung Israels

3.1 Begriffliche Grundlagen

Assimilation nennt man die kulturelle und sprachliche Anpassung einer Minderheit an die Mehrheit. Die Juden v. a. in West- und Mitteleuropa hofften so, ihre Lage verbessern zu können. Tatsächlich gab es Fortschritte hinsichtlich ihrer wirtschaftlichen, rechtlichen und sozialen Situation (**Judenemanzipation**).

Der **Antisemitismus** breitete sich im letzten Drittel des 19. Jahrhunderts als neue Form der Judenfeindschaft aus. Diese wurde nicht mehr religiös begründet (Antijudaismus), sondern aus pseudowissenschaftlichen Rassentheorien hergeleitet.

Besonders empfänglich dafür waren die Verlierer der wirtschaftlichen und gesellschaftlichen Modernisierung im Industriezeitalter, die die Juden als **Sündenböcke** betrachteten. In Osteuropa sahen sich die Juden deshalb antisemitischen **Pogromen** ausgesetzt.

Unter **Zionismus** versteht man eine im späten 19. Jahrhundert entstehende religiös-politische Bewegung, die die Errichtung eines jüdischen Staats in Palästina und damit das Ende der **Diaspora** zum Ziel hatte.

Seine Anhänger, darunter der jüdische Journalist **Theodor Herzl**, forderten als Reaktion auf den wachsenden Antisemitismus eine Rückkehr in die alte Heimat Jerusalem (Zion) und die Gründung eines jüdischen Staats in Palästina. Der Zionismus wurde dank Herzls Einsatz zu einer politischen Massenbewegung.

3.2 Die britische Nahostpolitik

Der Erste Weltkrieg veränderte die politische Lage im Nahen Osten. Großbritannien und Frankreich wurden zu neuen Vormächten und verwalteten die Gebiete des aufgelösten Osmanischen Reichs als **Völkerbundmandate**. Großbritannien erhielt dabei das Mandat für Palästina.

Die britische Nahostpolitik (1915–1917)

politischer Schritt	Inhalt	Motiv
McMahon-Hussein-Korrespondenz (1915)	britische Unterstützung für Bildung eines arabischen Reichs, wenn sich Araber gegen die osmanische Herrschaft erheben	Hoffnung auf Schwächung des Osmanischen Reichs durch arabischen Aufstand
Sykes-Picot-Abkommen (1916)	Aufteilung des Nahen Ostens in Interessensphären durch Frankreich und Großbritannien	Sicherung der Interessen der Briten bei Neuord-nung des Nahen Ostens nach Ende des Ersten Weltkriegs
Balfour-Deklaration (1917)	Einverständnis Großbritanniens mit der Schaffung einer nationalen Heimstätte für das jüdische Volk in Palästina	Hoffnung auf Unterstützung der britischen Nahostpolitik v. a. durch britische und amerikanische Juden

**Schaukelpolitik Großbritanniens
zwischen jüdischen und arabischen Interessen**

Die britische Mandatsherrschaft 1920–1948

- offizielles Ziel: Vorbereitung der staatlichen Selbstständigkeit, aber de facto Kolonialherrschaft
- Gewährleistung der Rechte aller Religionen und Volksgruppen durch das Völkerbundmandat
- weiterhin Ziel der „Errichtung einer nationalen Heimstätte" (Balfour-Deklaration) für die Juden
- Zunahme der Zahl der jüdischen Siedler durch Einwanderung
- Spannungen und blutige Auseinandersetzungen zwischen Juden und Arabern, aber auch Übergriffe gegen die Briten („Arabischer Aufstand", 1936–1939)
- 1939 Kurswechsel: Gründung eines unabhängigen Palästinas anstelle der Errichtung einer jüdischen Heimstätte sowie Begrenzung der jüdischen Zuwanderung
- nach Ende des Zweiten Weltkriegs weiterhin restriktive britische Einwanderungspolitik, auch gegen Holocaust-Überlebende
- Anschläge jüdischer Untergrundorganisationen auf britische Einrichtungen und Personen
- 1948: britische Rückgabe des Mandats an die Vereinten Nationen als Nachfolgeorganisation des Völkerbunds
- UN-Plan: Teilung Palästinas in jüdischen und einen arabischen Staat
- Beginn der militärischen Auseinandersetzungen zwischen Juden und Arabern → Fluchtwelle von Arabern aus jüdischem Territorium

Die Gründung Israels und der erste Israelisch-Arabische Krieg

Proklamation des Staats Israel am 14. Mai 1948

Israelisch-Arabischer Krieg:
- Angriff sämtlicher arabischer Nachbarstaaten auf Israel
- Sieg Israels über arabische Übermacht

Folgen:
- Vergrößerung des israelischen Territoriums
- Teilung Jerusalems zwischen Juden und Arabern (UN-Kontrolle)
- Massenflucht und Vertreibung von palästinensischen Arabern → Entstehen riesiger Flüchtlingslager
- Aufnahme Israels in die Vereinten Nationen 1949
- aber: keine Anerkennung durch die Staaten der Arabischen Liga

4   Israel und seine arabischen Nachbarn im Spannungsfeld des Kalten Kriegs

Nach dem Ende des Zweiten Weltkriegs nahm der Ost-West-Konflikt zwischen den Führungsmächten USA und UdSSR die Form des **Kalten Kriegs** an. Dieser beeinflusste auch die Entwicklungen im Nahen Osten.

4.1 Die Suezkrise (1956)

Ursachen der Suezkrise

Ägypten war zwar seit 1922 ein formell unabhängiges Königreich, stand aber unter dem Einfluss Großbritanniens. Vor allem die Kontrolle des Suezkanals lag in dessen Interesse. Nach dem Sturz des ägyptischen Königs Faruk wurde General Nasser 1954 Staatspräsident, der sich als Vorkämpfer einer panarabischen Einheit betrachtete. Unterstützung erhielt er von der Sowjetunion. Sein Beschluss einer **Verstaatlichung des Suezkanals** löste 1956 eine internationale Krise aus. Israel, das sich durch den aggressiven Nationalismus Nassers bedroht sah, griff Ägypten an, französische sowie britische Truppen besetzten die Kanalzone. Der Angriff wurde sowohl von den USA als auch von der Sowjetunion abgelehnt. Die Vollversammlung der Vereinten Nationen forderte mehrheitlich den Rückzug der israelischen Truppen, sodass die Angreifer einer Waffenruhe zustimmen mussten.

Auswirkungen des Suez-Kriegs auf den Nahen Osten

militärischer Triumph Israels über Ägypten	➡ Verschärfung des israelisch-arabischen Gegensatzes
trotz militärischer Niederlage politischer Gewinn für Ägypten	➡ • Stärkung des panarabischen Nationalismus • 1964: Gründung der Palästinensischen Befreiungsorganisation (PLO) mit dem Ziel der Errichtung eines unabhängigen palästinensischen Staats
Beendigung des Konflikts durch Eingreifen der USA und der Sowjetunion	➡ • Abstieg der ehemaligen Führungsmächte Großbritannien und Frankreich • Nahost-Konflikt als Teil des Ost-West-Konflikts: **USA:** Kampf gegen Kommunismus im Nahen Osten („Eisenhower-Doktrin"); Israel als Vorposten der westlichen Welt **UdSSR:** Verbündete des arabischen Nationalismus

4.2 Sechstagekrieg (1967) und Yom-Kippur-Krieg (1973)

Ursachen und Folgen des Sechstageskriegs (Juni 1967)

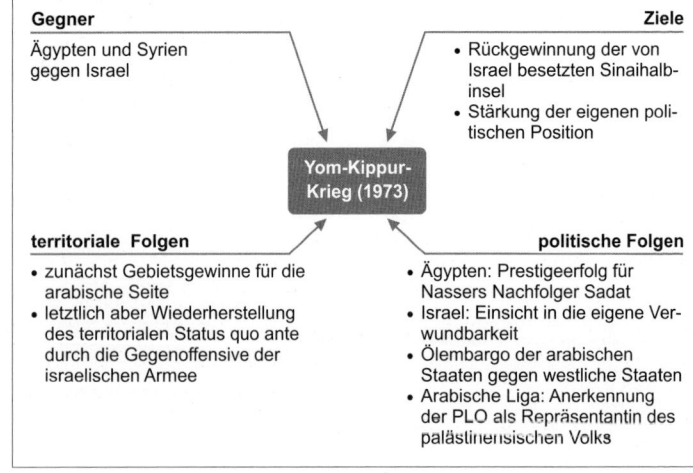

Gegner
- Israel gegen Ägypten, Syrien und Jordanien
- im Hintergrund: Konfrontation proisraelische USA – proarabische UdSSR

Ursachen
- Spannungen zwischen Israel und seinen Nachbarn
- Bündnis Ägypten, Syrien, Jordanien
- Präventivschlag Israels aufgrund der Bedrohungssituation

Sechstagekrieg (1967)

territoriale Folgen
- Besetzung des Westjordanlands, des Gazastreifens, der Sinaihalbinsel und der Golanhöhen durch Israel
- Besetzung Ostjerusalems und „Vereinigung" Jerusalems
- Sicherung der Wasserzufuhr für israelische Landwirtschaft

politische Folgen
- Vertiefung des israelisch-arabischen Gegensatzes
- palästinensischer Nationalismus
- besetzte Gebiete als Konfliktherd
- Fluchtwelle von Palästinensern aus den eroberten Gebieten
- zunehmender Terrorismus der PLO
- Vertiefung der Beziehungen zwischen Israel und den USA

Ursachen und Folgen des Yom-Kippur-Kriegs (1973)

Gegner
Ägypten und Syrien gegen Israel

Ziele
- Rückgewinnung der von Israel besetzten Sinaihalbinsel
- Stärkung der eigenen politischen Position

Yom-Kippur-Krieg (1973)

territoriale Folgen
- zunächst Gebietsgewinne für die arabische Seite
- letztlich aber Wiederherstellung des territorialen Status quo ante durch die Gegenoffensive der israelischen Armee

politische Folgen
- Ägypten: Prestigeerfolg für Nassers Nachfolger Sadat
- Israel: Einsicht in die eigene Verwundbarkeit
- Ölembargo der arabischen Staaten gegen westliche Staaten
- Arabische Liga: Anerkennung der PLO als Repräsentantin des palästinensischen Volks

4.3 Das Camp-David-Abkommen zwischen Israel und Ägypten (1978)

Die Gründung Israels war von den Staaten der 1945 gegründeten **Arabischen Liga** nicht anerkannt worden. In mehreren Kriegen hatten arabische Staaten erfolglos versucht, Israel zu vernichten. Eine Wende erfolgte durch Ägyptens Staatspräsident Sadat. Dieser distanzierte sich von der Sowjetunion, wandte sich aufgrund der desolaten wirtschaftlichen Lage Ägyptens zunehmend den USA zu und strebte Verhandlungen mit Israel an, weil er glaubte, die Sinaihalbinsel angesichts der militärischen Überlegenheit Israels nur auf dem Verhandlungsweg zurückbekommen zu können.

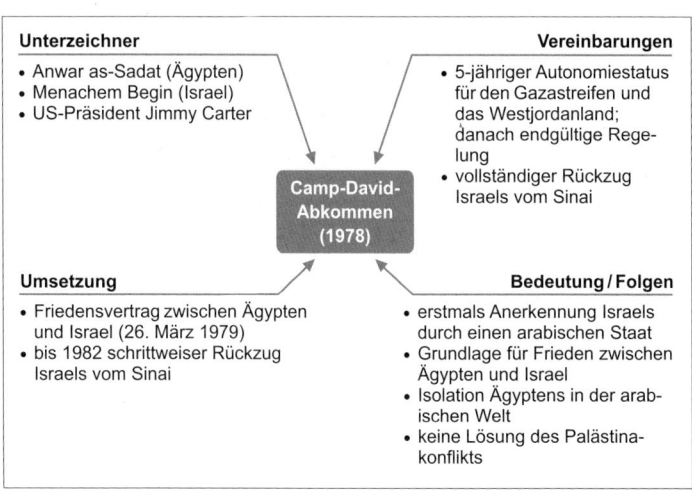

Unterzeichner	Vereinbarungen
• Anwar as-Sadat (Ägypten) • Menachem Begin (Israel) • US-Präsident Jimmy Carter	• 5-jähriger Autonomiestatus für den Gazastreifen und das Westjordanland; danach endgültige Regelung • vollständiger Rückzug Israels vom Sinai

Camp-David-Abkommen (1978)

Umsetzung	Bedeutung / Folgen
• Friedensvertrag zwischen Ägypten und Israel (26. März 1979) • bis 1982 schrittweiser Rückzug Israels vom Sinai	• erstmals Anerkennung Israels durch einen arabischen Staat • Grundlage für Frieden zwischen Ägypten und Israel • Isolation Ägyptens in der arabischen Welt • keine Lösung des Palästinakonflikts

Das Abkommen brachte jedoch keinen endgültigen Frieden für die Region. Seit Anfang der Siebzigerjahre terrorisierte die PLO vom Libanon aus die israelische Bevölkerung, sodass Israel 1982 mit der Invasion in den nördlichen Nachbarstaat reagierte („Erster Libanon-Krieg"). 1985 zog sich die israelische Armee aus dem Libanon zurück, errichtete aber eine Sicherheitszone, um sich vor Anschlägen der paramilitärischen **Hisbollah-Miliz** zu schützen.

5 Gestaltung und Gefährdung des Friedensprozesses im Nahen Osten

5.1 Die erste Intifada

Der arabische Begriff „**Intifada**" bedeutet Erhebung oder Abschüttelung. Konkret steht er für Aufstände der Palästinenser gegen die israelische Besatzungsherrschaft.

Ursachen, Verlauf und Folgen der ersten Intifada (1987–1993)

Ursachen		
zunehmende Siedlungstätigkeit Israels in den besetzten Gebieten	Schikanen der israelischen Besatzungsbehörden gegenüber Palästinensern	soziale Not der Palästinenser (Arbeitslosigkeit, Perspektivlosigkeit)

↓   ↓   ↓

Verbitterung in der palästinensischen Bevölkerung

Verlauf
• gewaltsame Aktionen, v. a. von jungen Palästinensern gegen israelische Besatzungstruppen; Generalstreiks, Massendemonstrationen, Protestaktionen, Boykottmaßnahmen • gewaltsames Vorgehen der israelischen Sicherheitskräfte gegen die Palästinenser

politische Folgen	
Palästinenser: • Palästina-Problem wieder im Fokus der Weltöffentlichkeit • Sympathie vieler mit dem Widerstand der Palästinenser • aber auch Spannungen in der palästinensischen Gesellschaft: Frustration wegen der Erfolglosigkeit der Erhebung • Stärkung der radikalen Hamas	**Israel:** • internationale Kritik wegen des brutalen Vorgehens der israelischen Sicherheitskräfte gegen die Palästinenser • tief gehende Kontroversen in der israelischen Gesellschaft über die Frage der Besatzungspolitik • in gemäßigten Kreisen zunehmende Einsicht in die Notwendigkeit einer politischen Lösung

Die **Hamas** ist eine arabisch-fundamentalistische Palästinenserorganisation. Ihre Ziele sind die Beseitigung des Staats Israel und die Errichtung eines islamischen Gottesstaats in Palästina. Die 1987 gegründete Hamas trat in Konkurrenz zur moderater gewordenen PLO.

5.2 Chancen und Probleme des Friedensprozesses bis 2000

Das Ende des Ost-West-Konflikts schien die Chancen auf eine Lösung des Nahost-Konflikt zu steigern. Die USA versuchten, beide Seiten zu einer Verhandlungslösung zu bewegen.

Chancen	Probleme
• gegenseitige Anerkennung von PLO und Israel (1993) • Gewährung von Autonomierechten für den Gazastreifen und das Westjordanland (Oslo-I-Abkommen 1993) • freie und demokratische Wahlen zum Parlament der Palästinenser (1996) • Vereinbarung zum Rückzug israelischer Truppen aus dem Westjordanland (1998); Motto: „Land gegen Sicherheit"	• Ermordung des friedensbereiten israelischen Ministerpräsidenten Rabin durch jüdischen Extremisten (1995) • Nachfolger Benjamin Netanjahu (ab 1996) gegen eigenständigen Palästinenserstaat • Unruhen, Terroranschläge • Aufhebung des Baustopps für jüdische Siedlungen in den besetzten Gebieten (1996) • Stopp des Truppenabzugs aus dem Westjordanland (1999)

Gründe für das Scheitern des Friedensprozesses in Camp David

Im Jahr 2000 fanden in Camp David Gespräche zwischen US-Präsident Bill Clinton, PLO-Chef Jassir Arafat und dem israelischen Ministerpräsidenten Ehud Barak statt, die allerdings ergebnislos endeten. Damit musste der mit dem Camp-David-Abkommen 1978 angestoßene Friedensprozess als vorläufig gescheitert angesehen werden. Die Gründe dafür sind:

• keine Einigung über den Status Jerusalems
• fehlende Bereitschaft Israels, alle besetzten Gebiete (und jüdischen Siedlungen) aufzugeben
• israelische Ablehnung eines Rückkehrrechts für die palästinensischen Flüchtlinge
• auf beiden Seiten fehlende Kompromissbereitschaft wegen innenpolitischen Drucks von Radikalen

5.3 Die zweite Intifada (2000–2005)

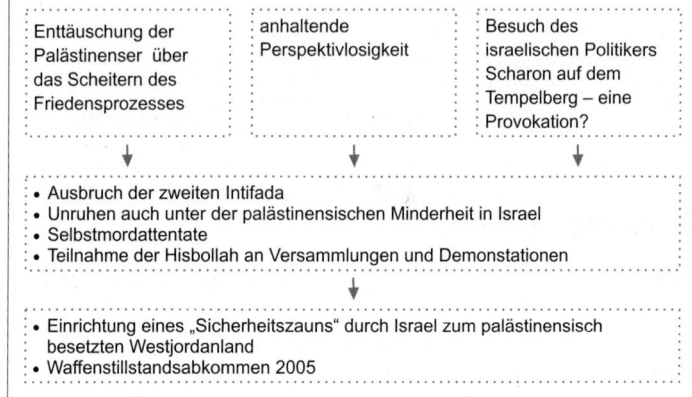

Die **Hisbollah** ist eine schiitische Partei und militärische Organisation im Libanon. Sie entstand 1982 mit dem Ziel, die israelische Besatzung des Libanon zu beenden und den Staat Libanon zu islamisieren. Von ihr gingen zahlreiche Anschläge auf israelisches Territorium aus.

5.4 Die „Roadmap" des Nahostquartetts

2002 bildeten die USA, Russland, die EU und die UNO das „**Nahostquartett**". Sie präsentierten einen verbindlichen Friedensplan („Roadmap"), der eine **Zwei-Staaten-Lösung** vorsah. Bis 2005 sollte eine von allen akzeptierte Friedensordnung gefunden werden.

Ziele im Rahmen der „Roadmap"
• Ende der palästinensischen Gewalt, Demokratisierung der palästinensischen Autonomiebehörde und Anerkennung des Existenzrechts Israels
• israelisches Bekenntnis zur Zwei-Staaten-Lösung
• Einfrieren israelischer Siedlungsaktivitäten, Aufgabe neuer Siedlungen
• Rückzug der israelischen Armee auf die Positionen von 2000
• Friedensverhandlungen zwischen Israel und seinen Nachbarstaaten
• Vereinbarungen über endgültige Grenzen, den Status von Jerusalem und das Schicksal der Flüchtlinge

Reaktionen der Konfliktparteien	
Israel	**Palästinenser**
• knappe Zustimmung des Parlaments ("Knesset") • Ankündigung des Rückzugs aus dem Westjordanland (2005)	• Akzeptanz durch Zustimmung von Arafats Nachfolger Mahmud Abbas • Wahlsieg der radikalen Hamas 2006, die gegen Existenzrecht Israels und gegen den Verzicht auf Terror eintritt
→ keine Umsetzung der "Roadmap"	

5.5 Aktuelle Situation

Noch immer ist der Konflikt ungelöst. Einen Überfall der Hisbollah auf israelische Städte beantwortete Israel 2006 mit einem Angriff auf den Libanon ("**Zweiter Libanon-Krieg**"). 2009 kam es zum **Gaza-Krieg**, als Israel auf den Raketenbeschuss durch die radikale Hamas reagierte. Zwar wurde 2010 durch Vermittlung des US-Präsidenten Obama der Friedensprozess wiederaufgenommen, aber 2012 und 2014 wurde der Gazastreifen erneut Schauplatz kriegerischer Auseinandersetzungen. Auch wenn die Palästinenser auf diplomatischer Ebene zunehmend stärker anerkannt werden, ist eine **Konfliktlösung schwer:**

• Beide Parteien berufen sich auf angebliche historische Ansprüche und das Recht auf Vergeltung für erlittenes Leid.
• Radikale Gruppen erschweren die Kompromissfindung.

Strittige Fragen im Nahostkonflikt

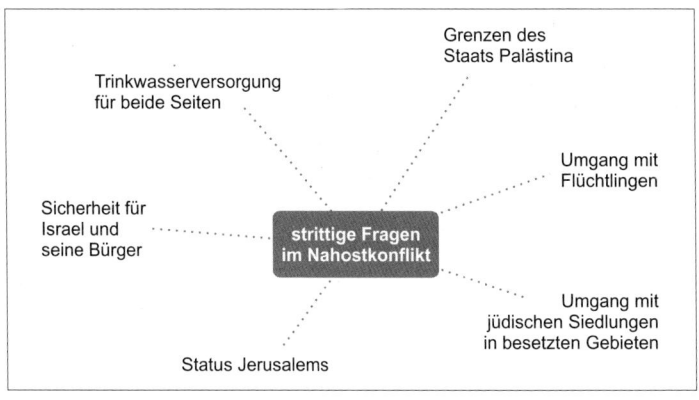

Die USA – von den rebellischen Kolonien zur globalen Supermacht

1 Die Herausbildung des US-Selbstbewusstseins in der Auseinandersetzung mit Großbritannien

Um 1600 setzte die **europäische Besiedlung Nordamerikas** ein. Zu dieser Zeit lebten dort bereits mehrere Millionen *Native Americans* („**Indianer**"). Ihre Zahl wurde jedoch durch eingeschleppte Krankheitserreger und Seuchen sowie durch Kriege, Vertreibungen und Hungersnöte, für die die Siedler verantwortlich waren, in erheblichem Maße reduziert. Leidtragende der europäischen Kolonisation waren aber auch die **Schwarzen**, die seit dem 17. Jahrhundert nach Amerika gebracht wurden, um als **Sklaven** auf den Plantagen zu arbeiten.

1.1 Besonderheiten der britischen Kolonialisierung

Die britische Kolonisierung Nordamerikas unterschied sich in mehreren Punkten vom Vorgehen anderer europäischer Kolonialmächte.

- Entstehung kleiner Kolonien mit vielfältigen Siedlungsformen, teilweise nur locker ins britische Herrschaftssystem eingebunden
- hohes Maß an Freiheit durch britische Politik der „wohlwollenden Vernachlässigung"
- Loyalität der Siedler zu Großbritannien
- Institutionen und Rechtstraditionen nach britischem Vorbild
- Ausrichtung des Handels auf Großbritannien
- heterogene gesellschaftliche und wirtschaftliche Organisationsformen, die zudem von den Naturbedingungen beeinflusst waren
- Prägung der inneren Entwicklung der Kolonien durch die jeweiligen Auswanderungsmotive und die Mentalitäten der Siedler
- Flucht vor religiöser oder staatlicher Unterdrückung in Europa in Verbindung mit sozialrevolutionären bzw. -utopischen Vorstellungen

- Abenteuerlust und Streben nach wirtschaftlichem Erfolg
- Ostküste Nordamerikas als beliebtes Einwanderungsziel mit rasch wachsender Bevölkerung
- zunehmende Prosperität und damit einhergehend wachsendes Selbstbewusstsein der Siedler
- Wurzeln vieler Strukturmerkmale der US-Gesellschaft bereits in der damaligen Zeit angelegt: Streben nach wirtschaftlichen Erfolg, moralische Rigidität, Toleranz und Pluralismus, Optimismus, Bedeutung der Selbstbestimmung und Schutz des Individuums vor dem Staat

Die britischen Kolonien – ein bunter Flickenteppich

Virginia wurde 1607 aus wirtschaftlichen Motiven gegründet. Die Handelsgesellschaft Virginia Company hatte einen königlichen Freibrief („charter") zur Gründung einer Siedlung an der amerikanischen Ostküste erhalten. Die Siedler bauten im Süden **Tabak** auf Plantagen an und betrieben eine ertragreiche, exportorientierte **Plantagenwirtschaft**. Später wurde die Kolonie direkt der britischen Krone unterstellt.

Die „**Pilgerväter**", die 1620 mit der „**Mayflower**" den nördlichen Teil der Ostküste erreichten, waren Puritaner, die in Nordamerika ihre Religion frei ausüben wollten. Diese „Auserwählten" ließen sich im heutigen **Massachusetts** nieder, um dort nach strengen religiösen Regeln zu leben.

Pennsylvania wurde 1681 als **Eigentümerkolonie** von dem Quäker **William Penn** gegründet. Seine Kolonie war dem Gedanken der Toleranz und der Menschenliebe verpflichtet und bot verschiedenen religiös verfolgten Gruppen Zuflucht.

1.2 Der Unabhängigkeitskrieg (1775–1783)

Die Konflikte zwischen den britischen Kolonien und Mutterland verschärften sich nach dem **Siebenjährigen Krieg** (1756–1763), in dem Großbritannien Frankreich besiegt und als konkurrierende Kolonialmacht in Nordamerika ausgeschaltet hatte.

Wachsende Spannungen zwischen dem Mutterland Großbritannien und den Kolonien (1763–1775)

Mutterland Großbritannien	Kolonien
• Beschränkung des Handels der Kolonien • hohe Verschuldung Großbritanniens aufgrund des Siebenjährigen Kriegs • Steuererhöhungen, um die Kolonien an den Kriegskosten zu beteiligen, z. B. Stempelsteuer • weitere Versuche, die Kolonien stärker zu kontrollieren (z. B. Siedlungsverbote, Einquartierungsgesetz)	• relativ eigenständige Entwicklung aufgrund der Politik der „wohlwollenden Vernachlässigung" • gestiegenes Selbstbewusstsein der Siedler wegen florierender Wirtschaft • Herausbildung einer amerikanischen Identität • Parole „no taxation without representation" (keine Steuern ohne Vertretung im englischen Parlament)

Etappen des Unabhängigkeitskriegs

1773/1774	**Vorgeschichte** • 1773: „**Boston Tea Party**": symbolträchtige Versenkung der Ladung eines britischen Teeschiffs als Protest gegen die britischen Einfuhrzölle • 1774: **Erster Kontinentalkongress** der Vertreter der Kolonien: Koordination des Vorgehens, Aufbau einer Miliz, Boykott englischer Waren
1775	**Ausbruch des Kriegs** • Gefechte zwischen britischen Truppen und Milizen • **Zweiter Kontinentalkongress:** Ausrufung des Verteidigungszustands → Gründung der Kontinentalarmee • englischer König Georg III. erklärt Kolonisten zu Rebellen und verhängt Blockade über Kolonien
1776	**Unabhängigkeitserklärung** • Loslösung der 13 Kolonien vom Mutterland • „unveräußerliche" Menschenrechte (z. B. Gleichheit, Freiheit) als Grundlage politischen Handelns • Widerstandsrecht der Bürger gegen Tyrannei
1777	**Verabschiedung der Konföderationsartikel** Gründung einer lockeren Konföderation („The United States of America") durch die 13 Kolonien
1778/79	**Bündnisse der Konföderation mit europäischen Mächten** französische, später auch spanische und niederländische Kriegserklärung gegen Großbritannien
1782/83	**Kapitulation Großbritanniens und Friedensschluss** • **Frieden von Paris** (1783): Anerkennung der „unabhängigen vereinigten Staaten von Amerika" durch Großbritannien • Territorium zwischen Appalachen und Mississippi fällt an die USA, Kanada bleibt britisch und Florida fällt an Spanien

1.3 Die Verfassung der USA (1787)

Im Mai 1787 trat in Philadelphia ein **Konvent** zusammen, der eine neue
Verfassung ausarbeitete. Diese wurde am 17. 9. 1787 verabschiedet.

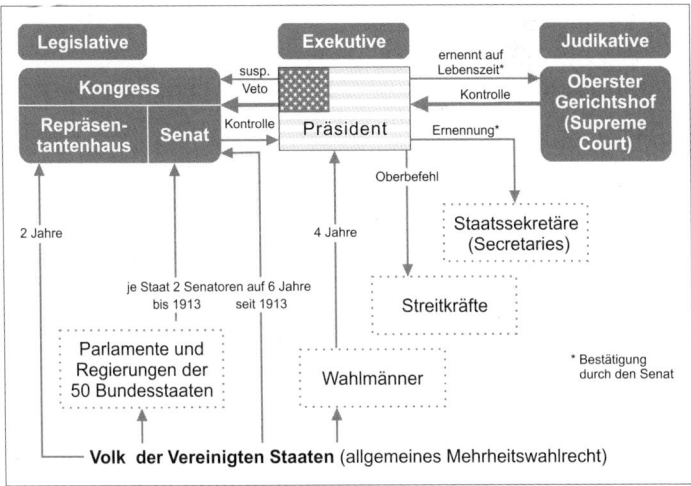

1.4 Entstehung des US-amerikanischen Selbstbewusstseins

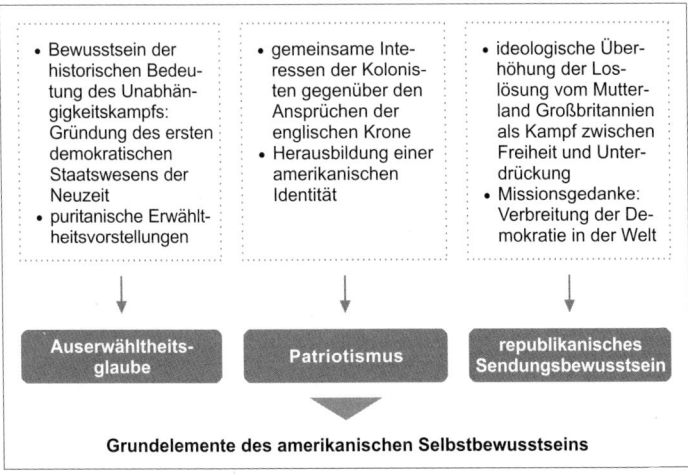

2 Der Aufstieg der USA zur Weltmacht im 19. Jh.

2.1 Westexpansion und territoriale Erschließung

Nach dem Unabhängigkeitskrieg richtete sich der Blick der Amerikaner nach Westen. Ziel war der Ausbau ihrer **Machtstellung** auf dem **amerikanischen Kontinent**. Schon 1803 erwarben die Vereinigten Staaten im **Louisiana Purchase** von Frankreich die Kolonie Louisiana. In den folgenden Jahrzehnten richtete sich der Expansionsdrang der USA immer weiter in Richtung Süden und Westen (u. a. Florida, Texas).

Grundlagen und Folgen der amerikanischen Westexpansion

Sendungsbewusstsein

- Amerika als auserwählte Nation
- Westexpansion als Vollzug von Gottes Willen
- „Manifest Destiny"

Entstehung des Kontinentalblocks der USA bis 1853

Prozess der Staatenbildung bis 1912

Isolationismus

- Abwendung von Europa
- „Amerika den Amerikanern"
- „Monroe-Doktrin"
- Vormachtanspruch in der westlichen Hemisphäre

Faktoren der Erschließung
- Kenntnis der geografischen Gegebenheiten durch Expeditionen
- Maßnahmen der staatlichen Besiedlungspolitik
- Masseneinwanderung
- neue Verkehrsmittel (Eisenbahn)
- Aussicht auf wirtschaftlichen Erfolg

Folgen der Erschließung
- Vertreibung und Dezimierung der Ureinwohner
- Egalisierung und Demokratisierung der US-Gesellschaft

2.2 Der amerikanische Sezessionskrieg (1861–1865)

Der amerikanische Sezessionskrieg (Bürgerkrieg) bildete den Höhepunkt der seit der Kolonialzeit bestehenden **Interessengegensätze** zwischen dem **Norden** und dem **Süden**.

Ursachen und Folgen des Sezessionskriegs

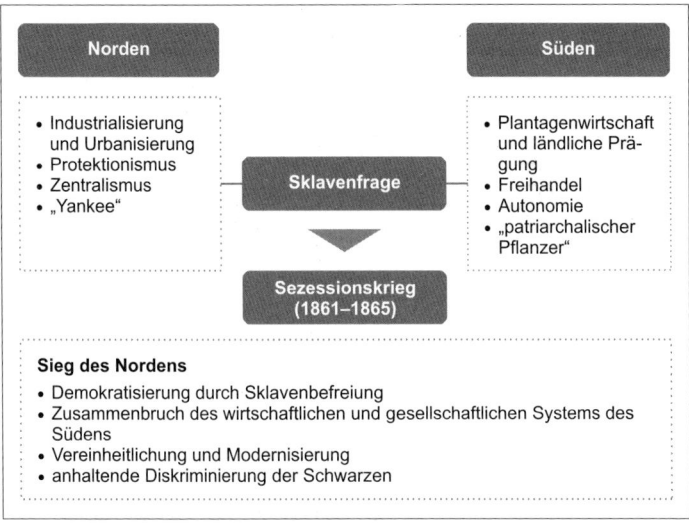

In der folgenden Zeit der „**Reconstruction**" (1865–1877) wurden die Südstaaten militärisch besetzt und ihre Verfassungen aufgehoben. Bis 1871 traten alle Südstaaten wieder in die Union ein. Mit dem **Ende des Nord-Süd-Dualismus** konnte aus der Union der Vereinigten Staaten schließlich eine **Nation** werden.

2.3 Wirtschaft und Gesellschaft der USA um 1900

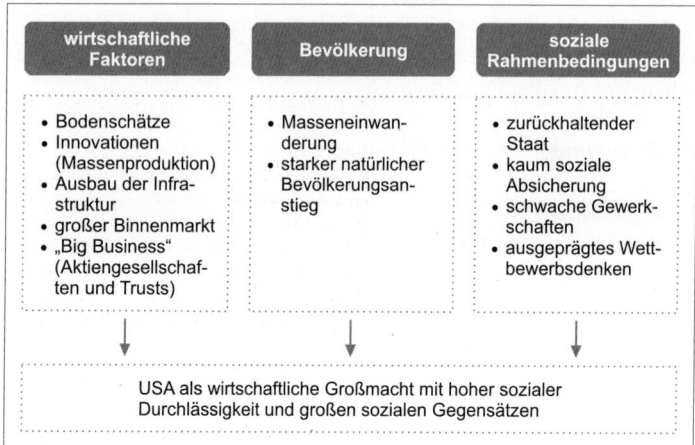

wirtschaftliche Faktoren	Bevölkerung	soziale Rahmenbedingungen
• Bodenschätze • Innovationen (Massenproduktion) • Ausbau der Infrastruktur • großer Binnenmarkt • „Big Business" (Aktiengesellschaften und Trusts)	• Masseneinwanderung • starker natürlicher Bevölkerungsanstieg	• zurückhaltender Staat • kaum soziale Absicherung • schwache Gewerkschaften • ausgeprägtes Wettbewerbsdenken

USA als wirtschaftliche Großmacht mit hoher sozialer Durchlässigkeit und großen sozialen Gegensätzen

2.4 Die Außenpolitik im Zeichen des Imperialismus

Voraussetzungen und Motive des US-Imperialismus

territorial	• Schließen der „Frontier" auf dem Kontinent • Expansionsbestrebungen (Karibik, Asien)
wirtschaftlich	• USA als Industriemacht • steigender Bedarf an Rohstoffen • Suche nach neuen Absatzmärkten
gesellschaftlich	• Nationalismus als Integrationsideologie • Bewusstsein der eigenen Auserwähltheit • Sicherung der gesellschaftlichen Stabilität
ideologisch	• Siegeszug der imperialistischen Ideologie • Idee der Überlegenheit der „angelsächsischen Rasse" (Sozialdarwinismus)

Direkte und indirekte Herrschaft der USA

Im Unterschied zu den imperialistischen Mächten Europas arbeiteten die USA weniger an der Errichtung eines **formellen Kolonialreichs**, sondern versuchten, ausgewählte Gebiete wirtschaftlich und politisch als **Interessensphären** zu beherrschen. Lediglich bei einer Gefährdung amerikanischer Interessen sollte militärisch interveniert werden.

direkte (formelle) Herrschaft	indirekte (informelle) Herrschaft
Eroberungen infolge des Siegs im **Spanisch-Amerikanischen Krieg** (1898): • Puerto Rico, Guam, Philippinen • Kuba (später de facto US-Protektorat) • Hawaii als „Sprungbrett nach Asien"	• Kontrolle der Staaten Mittelamerikas • Interventionsrecht der USA bei inneren Konflikten (Polizeigewalt der USA) • Errichtung von Flottenstützpunkten • Wirtschaftliche Einflussnahme in den Staaten Mittelamerikas • „**Dollar-Imperialismus**": Zusammenwirken von US-Politik und großen US-Konzernen • „**Big-Stick-Politik**": Durchsetzung der wirtschaftlichen und strategischen Interessen auf Grundlage der marinen Macht der USA

Politik der offenen Tür

In China, wo viele europäische Großmächte und Japan um Einfluss konkurrierten, agierten die USA zurückhaltender. Sie forderten gleiche und uneingeschränkte **Handelsmöglichkeiten für alle Nationen** ein. Dadurch sollte gleichzeitig die territoriale Integrität Chinas gewahrt bleiben.

3 Interventionen im Ersten und Zweiten Weltkrieg

3.1 Die Intervention im Ersten Weltkrieg

Motive für das Eingreifen der USA

• Zimmermann-Depeche: Angst vor Bündnis des Deutschen Reichs mit Mexiko • Wiederaufnahme des unbeschränkten U-Boot-Kriegs durch Deutschland • US-Staatsbürger als Opfer	• wirtschaftliches Interesse des Gläubigers USA am Sieg seiner Schuldner (z. B. Großbritannien, Frankreich) • Bedrohung des Handels durch deutsche U-Boote	• Deutung des Kriegs als Konflikt zwischen Freiheit und Unterdrückung • historische Mission der USA zur Verbreitung der Demokratie • Verzicht auf materielle Kriegsziele wie Gebietsgewinne
antideutsche Stimmung in der amerikanischen Öffentlichkeit		

▼   ▼   ▼

Kriegseintritt als „assoziierte Macht" aufseiten der Entente-Mächte 1917

Das Eingreifen der USA in den Ersten Weltkrieg

vor 1914	• Vormacht im amerikanischen Raum (**Monroe-Doktrin**) • Bestreben, sich nicht in europäische Konflikte einzumischen
1914–1918	• Neutralität und Vermittlungsbemühungen zu Beginn des Kriegs • April 1917: Kriegseintritt der USA aufgrund des uneingeschränkten U-Boot-Kriegs der Deutschen • **universelle Kriegsziele** (Frieden, Demokratie, Selbstbestimmungsrecht, Völkerbund) • kriegsentscheidende Rolle durch starke Rüstungsproduktion, Finanzkraft und Entsendung von Truppen
nach 1918	• **USA als neue Weltmacht** auf Kosten der geschwächten europäischen Mächte • aber: Scheitern des US-Präsidenten Wilson auf den **Pariser Friedenskonferenzen** und folgender Isolationismus

In seinen „**Vierzehn Punkten**" hatte **US-Präsident Wilson** Anfang 1918 die Grundlagen einer Nachkriegsordnung umrissen. Dazu zählten u. a. die Freiheit der Meere und der freie Handel, die Umsetzung des Selbstbestimmungsrechts der Völker, die Rückgabe der von Deutschland und seinen Verbündeten besetzten Gebiete, Rüstungsbeschränkungen und die Gründung eines Völkerbunds zur Friedenssicherung.

3.2 Die Intervention im Zweiten Weltkrieg

Die Regierung Roosevelt (1933–1945) reagierte anfangs nicht auf die neuen Bedrohungen, die mit den **expansiven Mächten Deutschland und Japan** in Europa und Asien entstanden. Erst mit dem Bekanntwerden der Reichspogromnacht im November 1938 und der Besetzung der Tschechoslowakei im Frühjahr 1939 schlug die Stimmung in den USA um.

Von der Neutralitätspolitik zur Kriegspolitik

1935–1937 → **Neutralitätsgesetze:** Verbot der Lieferung von Kriegsmaterial und der Vergabe von Krediten an kriegführende Länder

1937 → „**Quarantäne-Rede**" Roosevelts: Isolierung von Diktatoren als Ziel

1939 → „**Cash-and-Carry**"-**Gesetz:** Bewilligung der Lieferung von Kriegsmaterial an Gegner Deutschlands gegen Barzahlung und Selbstabholung

1940 →
- Bewilligung von Geldern für Aufrüstung durch den Kongress
- Lieferung von Zerstörern an Großbritannien
- Einführung der allgemeinen Wehrpflicht

1941 →
- Verkündung der „**Vier Freiheiten**" durch Roosevelt: Neue Weltordnung auf der Grundlage von Meinungs-, Rede- und Religionsfreiheit sowie der Freiheit von Not und Angst
- **Leih-und-Pacht-Gesetz:** Möglichkeit, Kriegsgerät an Gegner NS-Deutschlands zu verkaufen, zu verpachten oder zu verleihen
- Befehl Roosevelts, deutsche U-Boote innerhalb einer 300-Meilen-Sicherheitszone vor der amerikanischen Küste abzuschießen
- Konvoischutz von Frachtschiffen durch die USA bis in englische Häfen
- „**Atlantik-Charta**" (Roosevelt / Churchill): Neue Weltordnung auf der Grundlage des Selbstbestimmungsrechts der Völker, der Abrüstung und des Gewaltverzichts, der wirtschaftlichen Zusammenarbeit und der kollektiven Sicherheit

Die US-Intervention im Überblick

Gründe für den Kriegseintritt

- 7. 12. 1941: japanischer Angriff auf Pearl Harbor → Kriegserklärung der USA an Japan
- 11. 12. 1941: deutsche Kriegserklärung an die USA

↓

Kriegsverlauf

Vorrang des Kriegs gegen Deutschland („Germany 1st"-Strategie):

Unterstützung der alliierten Verbündeten durch Landeoperationen
- in Nordafrika
- in Italien
- in der Normandie
- Vorstoß nach Deutschland (Kapitulation 8. 5. 1945)

Kampf im Pazifik:
- bis 1942 japanischer Einflussbereich im (süd-)ostasiatischen und westpazifischen Raum
- ab 1943 US-Offensive („Island Hopping")
- Einsatz der Atombombe gegen Japan (Kapitulation 2. 9. 1945)

↓

Kriegsziele

- Verzicht auf Annexionspolitik
- Frieden
- Abrüstung
- freier Handel
- kollektive Sicherheit

↓

Folgen

- Aufstieg der USA zur Supermacht mit überlegenem wirtschaftlichen und militärischen Potenzial
- starke Prägung der Nachkriegsordnung durch die USA
- Konfliktpotenzial durch Ost-West-Gegensatz

4 Die USA während des Kalten Kriegs (1945–1991)

Der Begriff „**Kalter Krieg**" steht für den politischen, wirtschaftlichen und soziokulturellen **Systemkonflikt** zwischen den beiden rivalisierenden Supermächten USA und UdSSR (**bipolare Weltordnung**).

4.1 Die endgültige Abkehr vom Isolationismus

Die USA als Supermacht

militärisch	• überlegenes Rüstungspotenzial • Atomwaffenmonopol (bis 1949)
wirtschaftlich	• wirtschaftliche Stärke • Kriegsboom: große Nachfrage nach Kriegsgütern • vergleichsweise geringe Kriegsverluste • gut ausgebaute Infrastruktur
politisch	• Führungsmacht der westlichen Welt • Mitgestaltung der Nachkriegsordnung (z. B. UNO in New York) • Vorstellung der „Pax Americana"

Das Auseinanderbrechen der Anti-Hitler-Koalition

Die Alliierten hatten abweichende Vorstellungen bezüglich der **Nachkriegsordnung**.

USA	Sowjetunion
Eindämmung („containment") des sowjetischen Einflusses • **Truman-Doktrin** (1947): materielle und wirtschaftliche Unterstützung für Staaten, die von kommunistischen Umstürzen bedroht waren • **Marshall-Plan** (1948): Förderung des Wiederaufbaus in Europa → Immunisierung der Staaten gegen Kommunismus • Berliner „Luftbrücke" (1948/49) • **Gründung der NATO** (Nordatlantik-Pakt) als westliches Militärbündnis (1949) • Gründung eines westdeutschen Staats (8. Mai 1949)	**Sowjetisierung Osteuropas** • Unterwerfung unter Herrschaft Stalins • erzwungene Übernahme von Planwirtschaft und „Volksdemokratie" • Ablehnung des Marshall-Plans für sich und Satellitenstaaten • wirtschaftlicher Zusammenschluss der Ostblockstaaten im **Rat für gegenseitige Wirtschaftshilfe** • Berlin-Blockade (1948/49) • Gründung eines ostdeutschen Staats (7. Oktober 1949) • Gründung des **Warschauer Pakts** als östliches Verteidigungsbündnis (1955)
→ Aufbrechen des Ost-West-Konflikts → endgültige Aufgabe des Isolationismus durch die USA	

4.2 Der Korea-Krieg als Stellvertreterkrieg (1950–1953)

Unter einem **Stellvertreterkrieg** versteht man eine bewaffnete Auseinandersetzung zwischen Staaten, die zu den Einflussbereichen rivalisierender Großmächte gehören und gleichsam stellvertretend für diese die Auseinandersetzung führen. Neben dem Korea-Krieg ist der **Vietnam-Krieg** ein weiteres bekanntes Beispiel aus der Zeit des Kalten Kriegs. In diesem wollten die USA gemäß der „Domino-Theorie" die Ausbreitung des Kommunismus in (Süd-)Ostasien bekämpfen.

Entstehung	• nach dem Ende der japanischen Besetzung: Teilung des Landes in das kommunistische Nordkorea und das westlich orientierte Südkorea • Angst der USA vor einer Ausbreitung des Kommunismus: Übergang zur Politik des „**Roll Back**" (Zurückdrängen des sowjetischen Einflusses)
Verlauf	• Angriff Nordkoreas auf Südkorea: Vorstoß nordkoreanischer Truppen über die Demarkationslinie am 38. Breitengrad • anfangs große territoriale Gewinne der nordkoreanischen Truppen • Eingreifen von UN-Truppen unter Führung der USA: Gebietsgewinne der Alliierten • Eingreifen Chinas aufseiten Nordkoreas: Gebietsgewinne im Süden • Gegenoffensive der von den USA geführten UN-Truppen und Stabilisierung der Front auf Höhe der alten Demarkationslinie • Abschluss eines Waffenstillstandsabkommens (1953): Wiederherstellung des Status quo ante
Folgen	**wirtschaftlich:** • Ankurbelung der Wirtschaft in den USA und den westlichen Staaten durch starke Nachfrage nach Rüstungsgütern („**Korea-Boom**") • längerfristig aber Belastung der Staatshaushalte durch erhöhte Rüstungsausgaben **politisch:** • weitere Zuspitzung des Ost-West-Konflikts • Forcierung der Blockbildung • Einbindung der beiden deutschen Staaten in die jeweiligen Militärbündnisse (NATO – Warschauer Pakt)

4.3 Die Kuba-Krise (1962) als Höhepunkt des Kalten Kriegs

Im Rahmen der **Entkolonialisierung** entstanden in der Dritten Welt neue Krisenherde.

Entstehung	Stationierung sowjetischer Mittelstreckenraketen auf Kuba, deren atomare Sprengköpfe die USA erreichen können
Verlauf	Entscheidung der US-Regierung zu einer **Seeblockade Kubas** („**Quarantäne**"): • extrem gefährliche Krise mit der Gefahr der atomaren Eskalation • im letzten Moment Bereitschaft beider Seiten zum Einlenken
Lösung	Zugeständnisse beider Seiten zur **Beilegung der Krise:** • Abzug sowjetischer Mittelstreckenraketen aus Kuba • Abzug amerikanischer Mittelstreckenraketen aus der Türkei • Verzicht der USA auf zukünftige Invasion Kubas
Folgen	Übergang zur **Entspannungspolitik:** • Einrichtung eines „heißen Drahts" zwischen Washington und Moskau (1963) • Atomteststoppabkommen (1963) • amerikanisches Konzept der „Flexible Response" (1967) • Atomwaffensperrvertrag (1968)

5 Motive, Möglichkeiten und Grenzen der Supermacht USA

Den **Zerfall der Sowjetunion** 1991 deuteten viele als Sieg des Westens mit seiner liberalen Demokratie und freien Marktwirtschaft über den Kommunismus. Doch das **Ende der bipolaren Weltordnung** führte nicht zu Frieden und Stabilität, sondern zu neuen Herausforderungen für die einzig verbliebene Supermacht USA.

5.1 „Humanitäre Interventionen" auf dem Balkan

Eine „**humanitäre Intervention**" ist ein mit bewaffneten Einheiten durchgeführter Eingriff in das Hoheitsgebiet eines souveränen Staats. Er hat das Ziel, die dort lebenden Menschen vor massiven Menschenrechtsverletzungen zu schützen.

Eingreifen in Bosnien-Herzegowina

Ausgangs-lage	• Zerfall des Vielvölkerstaats Jugoslawien • anwachsender Nationalismus in den Teilrepubliken • Multiethnizität: muslimische Bosniaken, christliche Serben und Kroaten in Bosnien-Herzegowina → Konfliktpotenzial
Inter-ventions-ursachen	• **Bosnienkrieg** (1992–1995): brutale Kriegführung, ethnische Säuberungen, Massaker • Beispiel: Serbisches Massaker an muslimischen Zivilisten in Sebrenica 1995 • Unfähigkeit von UNO und EU, die Krise zu lösen
Maßnahmen	• Eingreifen der USA im Rahmen eines NATO-Mandats • Bombenangriffe auf Stellungen der bosnischen Serben • maßgebliche Mitgestaltung des **Friedensabkommens von Dayton** (1995): Bosnien-Herzegowina als souveräner und ungeteilter Staat bestehend aus zwei Entitäten: Serbische Republik, Föderation von Bosnien und Herzegowina • Bereitstellung eines Großteils der den Frieden sichernden internationalen Truppe durch die USA

Eingreifen im Kosovo

Ausgangs-lage	• Kosovo als autonome Provinz der Teilrepublik Serbien • Forderung nach Eigenständigkeit des Kosovo durch starke albanische Minderheit
Inter-ventions-ursachen	• Aufhebung der Autonomie durch Serbien, Repressalien, Vertreibung der Albaner, Massaker → **Kosovo-Krieg** (1998/99) • Ziel: Verhinderung einer humanitären Katastrophe
Maßnahmen	• Eingreifen im Rahmen eines NATO-Mandats (1999) • NATO-Bombenangriffe auf serbische Stellungen im Kosovo, aber auch in Serbien • nach Abzug der serbischen Truppen Stationierung einer Einsatzgruppe zur Friedenssicherung im Kosovo

5.2 Der „Krieg gegen den Terror"

Die Doktrin des „**War on Terror**" entstand unter dem Eindruck der vom islamistischen Terrornetzwerk al-Qaida durchgeführten Anschläge im September 2001. Zum einen sollten die USA vor terroristischen Angriffen geschützt werden. Zum anderen sollte die Sicherheit in der Welt durch die **Verbreitung der Demokratie** gefördert werden. Zur Erreichung dieser Ziele sollten militärische Erstschläge erlaubt sein.

Militärschläge gegen den Terrorismus

Der Angriff auf Afghanistan (2001)	Der Angriff auf den Irak (2002)
• unmittelbare Reaktion auf „9/11" • Ausrufung des NATO-Verteidigungsfalls • Bildung einer „**internationalen Koalition gegen den Terror**" • Bombenangriffe, Bodentruppen, Kooperation mit talibanfeindlichen Milizen • Sturz des Taliban-Regimes, das al-Qaida unterstützte • Schwierigkeit des „**nation building**" in dem rückständigen und zersplitterten Land	• vorbeugender Angriff • Legitimation: Irak als „**Schurkenstaat**", angeblicher Besitz von Massenvernichtungswaffen • Kritik am US-Vorgehen, aber Bildung einer „**Koalition der Willigen**" • rascher militärischer Sieg und Sturz des irakischen Diktators Saddam Hussein • vielfach Wahrnehmung der US-Truppen als Besatzer • keine ausreichende Stabilisierung und Demokratisierung des Irak

5.3 Handlungsspielräume der USA – Möglichkeiten und Grenzen im Überblick

Möglichkeiten	Grenzen
• wirtschaftliche, militärische, politische und mediale Dominanz der USA • weltweite Interventionen • unilaterales (einseitiges) Vorgehen oder Bildung von Koalitionen aufgrund des militärischen Potenzials der USA • Verbreitung von Demokratie durch „soft power"	• Herausforderung durch andere, wirtschaftlich erstarkte Mächte wie China oder Russland (**multipolare Weltordnung**) • Führungsschwäche und fehlende Kooperationsbereitschaft • Problem der Glaubwürdigkeit (z. B. Gefangenenlager Guantanamo Bay) • Problematik der Verbreitung von Demokratie durch Militäreinsätze

Stichwortverzeichnis

Adel 3 ff., 13
Adenauer, Konrad 60 f.
Afghanistan 131
Agrarreformen 17 f.
Altes Reich 1, 17, 85
Antifaschismus 69
Antisemitismus 41, 45 ff., 49, 52,
    106
Arbeiteraufstand (17. Juni 1953)
    70
Arbeiterbewegung 23 f.
Aristoteles 80
Assimilation 106
Augsburger Religionsfrieden 86
Auschwitz-Prozesse 58

Babylonische Gefangenschaft
    102
Balfour-Deklaration 107
Bar-Kochba-Aufstand 104
Bauern 5 ff., 10 f., 13
Bayern 18, 20
Berliner Mauer 70
– Mauerfall 78
Bevölkerungsentwicklung 1 f.,
    15 f.
bipolare Weltordnung 127, 129
Bosnienkrieg 130
Bundesrepublik Deutschland
    54 ff., 69, 71 ff.
Bürgerliches Gesetzbuch 81
Bürgerrechte 88

Camp-David-Abkommen 111
Cassiodor 82

Code Civil 81
Corpus Iuris Civilis 81

Denazifizierung 54 ff., 58
deutsch-französische Aussöhnung
    102
deutsch-französisches Verhältnis
    96 ff.
Deutschlandbild
– in Frankreich 98
Diaspora 104, 106
Dolchstoßlegende 33
Dorf 6 f.
DDR 62, 66 ff.

Empirismus 88
Entnazifizierung s.
    Denazifizierung
Erbfeindschaft 98 ff.
Ermächtigungsgesetz 42
Europa
– Teilung 100
europäische Integration 100 f.

Fabrik 15, 20, 22
Familie 26 f.
Französische Revolution 93 f.
Frauenbewegung 27
Frühe Neuzeit 1 ff.
Führermythos 44
Führerprinzip 44

Germanen 91 f.
Gesellschaftsvertrag 88
Gewaltenteilung 89
Gewerbereformen 18

Gleichschaltung 42
Goldene Bulle 86
Gottesgnadentum 82, 88
Gregor VII. 83
Großbritannien
– Nahostpolitik 107 ff.
Grundgesetz 56 f., 61, 72, 76 f.
Grundherrschaft 6 f.
Gutsherrschaft 6 f.
Grundrechte 31, 57, 88

Hallstein-Doktrin 66, 71
Hamas 113, 115
Haus(gemeinschaft) 13
Heiliges Römisches Reich
    Deutscher Nation s. Altes
    Reich
Heinrich IV. 83 f.
Herzl, Theodor 106
Hieronymus 82
Hindenburg, Paul von 28, 35 ff.
Hisbollah 111, 114 f.
Hitler, Adolf 35, 37
Hitler-Putsch 35
Holocaust 49 ff., 55, 58
– Erklärungsansätze 52
– deutsche Öffentlichkeit 52 f.
Honecker, Erich 73

Immerwährender Reichstag 87
Industrialisierung 15 f., 19 ff.,
    23, 25
Intifada 112, 114
Investiturstreit 83 f.
Irakkrieg 131
Israel 103, 106, 108 f., 110,
    113 ff.
– Gründung 108

Juden 103 ff.
– ~emanzipation 106
– Emigration 48
– Endlösung 50 f.
– Frühe Neuzeit 8 ff.
– bis 1933 40 f.
– nach 1933 47 ff.
– Verfolgung s. National-
    sozialismus
– Volk 103 ff.
Justinian 81

Kalter Krieg 109, 127 f.
Kant, Immanuel 87
Klassengesellschaft 25 f., 33
Klerus 3 ff.
Kolonialisierung, britische
    116 ff.
Kommunismus 59 f., 66
Korea-Krieg 66, 128
Kosovo-Krieg 130
Kreuzzüge 105 f.
Kriegsschuldlegende 30
Kuba-Krise 129
Kulturnation 93, 95

Landflucht 21
Lebensraumpolitik 50
Locke, John 89
Logos 79

Mandatsherrschaft, britische 108
Manufaktur 12
Marshallplan 60, 62, 127
Marxismus-Leninismus 68
McMahon-Hussein-Korrespon-
    denz 107
Menschenrechte 88

Montesquieu, Charles de 89
Mythos 79
– Arminius/Hermann 91 f.

Naher Osten 103 ff.
– Friedensprozess 113
Nahostkonflikt 103, 113, 115
Nation 90 f., 93, 96
Nationalismus 90, 93, 95 ff., 100
Nationalsozialismus
– Gesellschaft 45
– Judenverfolgung 47 ff.
– Organisationen 45
– politische Religion 43
Nationalstaat, deutscher 94 ff.
Nationalstaatsbildung 93 ff.
NATO 59, 61
Naturrecht 88
neue Ostpolitik 65, 72 f.
NSDAP 31, 35, 37
Novemberpogrom 48
Nürnberger Gesetze 47 f.
Nürnberger Prozesse 55

Ost-West-Konflikt 59 f., 71, 109, 113, 127 f.

Palästinenser 112 f., 115
Papst 82 f.
Pauperismus 20 f.
Planwirtschaft 59, 74
Platon 80
Potsdamer Abkommen 54 f.
Präsidialkabinette 36 f.
Preußen 17 ff., 20
Proletarisierung 20 f.

Rassismus 46
Rationalismus 88

Reformbewegung, kirchliche 83
Reichs(grund)gesetz 85 ff.
Reichskammergericht 81, 86
Reichsstände 85 ff.
Reichstag 86 ff.
– ~sbrand 41 f.
– von Worms 86
Revolution von 1918/19 28 ff.
Roadmap 114 f.
Römisches Recht 80 ff.
Rousseau, Jean-Jacques 89

SBZ 66 f., 69
Sechstagekrieg 110
SED 59, 66, 68 ff., 73, 76, 78
Sezessionskrieg, amerikanischer 121
Sokrates 79 f.
Sowjetische Besatzungszone
s. SBZ
Sozialdarwinismus 46
Soziale Frage 22
– Lösungsansätze 23 ff.
Soziale Marktwirtschaft 61, 63
Sozialfürsorge, obrigkeitliche 14
Sozialismus 73
Sozialistische Einheitspartei Deutschlands
Sozialpolitik
– Bismarck'sche ~ 125 f.
Staatsbürgernation 93
Stadt 8 ff., 14
Stadtbürgertum 5, 13
Ständegesellschaft 3 ff.
Subsistenzwirtschaft 10 f.
Suezkrise 109
Sykes-Picot-Abkommen 107

Tacitus 91
Thales von Milet 79
Truman-Doktrin 60, 127

Unabhängigkeitskrieg, amerikanischer 117 f.
Urbanisierung 21
USA
– Erster Weltkrieg 124
– Gesellschaft 122
– Imperialismus 122 f.
– Isolationismus 120, 124, 127
– Krieg gegen den Terror 130 f.
– Selbstbewusstsein 119
– Wirtschaft 122
– Zweiter Weltkrieg 125 f.

Verlag 6, 11 f.
Verfassung
– USA 119
– Bundesrepublik Deutschland 56
– Weimar 30 f.
Verstädterung 21
Vertrag von Versailles 32 f.
Vertriebene 62, 64 f.
Vierzehn Punkte Wilsons 28, 124

Volk 90 f., 93
Völkerbundmandat 107 f.
Volksdemokratie 59, 68
Volksgemeinschaft 43 ff.

Wahlkapitulation 86
Währungsreform 60
Warschauer Pakt 59, 127 f.
Weimarer Koalition 34
Weimarer Republik, Scheitern 39
Weltwirtschaftskrise 35 ff.
Westexpansion, amerikanische 120
Westfälischer Frieden 86
Westintegration 59 ff., 71
Wiedergutmachungspolitik 59
Wiedervereinigung 61, 72 f., 76 f.
Wirtschaftswunder 61 ff.
Wormser Konkordat 84

Yom-Kippur-Krieg 110

Zionismus 106
Zuchthäuser 14
Zunft 5, 11 f., 14
Zwölf-Tafel-Gesetz 80

Notizen

Notizen

Erfolgreich durchs Abitur mit den **STARK** Reihen

Abiturprüfung

Anhand von Original-Aufgaben die Prüfungssituation trainieren. Schülergerechte Lösungen helfen bei der Leistungskontrolle.

Abitur-Training

Prüfungsrelevantes Wissen schülergerecht präsentiert. Übungsaufgaben mit Lösungen sichern den Lernerfolg.

Klausuren

Durch gezieltes Klausurentraining die Grundlagen schaffen für eine gute Abinote.

Kompakt-Wissen

Kompakte Darstellung des prüfungsrelevanten Wissens zum schnellen Nachschlagen und Wiederholen.

Interpretationen

Perfekte Hilfe beim Verständnis literarischer Werke.

Und vieles mehr auf www.stark-verlag.de

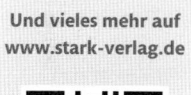

Abi in der Tasche – und dann?

In den **STARK** Ratgebern findest du alle Informationen für einen erfolgreichen Start in die berufliche Zukunft.

Bestellungen bitte direkt an
STARK Verlag GmbH · Postfach 1852 · 85318 Freising · www.stark-verlag.de
Telefon 08167 9573-0 · Fax 0811 6000499-191 · info@stark-verlag.de

26-V_TRAbi

STARK